日本养老模式：
高龄者福祉的未来向度

韩　蕊　著

浙江工商大学 出版社
ZHEJIANG GONGSHANG UNIVERSITY PRESS
·杭州·

图书在版编目(CIP)数据

日本养老模式:高龄者福祉的未来向度 / 韩蕊著.

杭州:浙江工商大学出版社,2024.8. -- ISBN 978-7

-5178-6116-4

Ⅰ. F843.136.12

中国国家版本馆CIP数据核字第20240EX653号

日本养老模式:高龄者福祉的未来向度

RIBEN YANGLAO MOSHI: GAOLINGZHE FUZHI DE WEILAI XIANGDU

韩　蕊 著

责任编辑	张莉娅	
责任校对	董文娟	
封面设计	望宸文化	
责任印制	祝希茜	
出版发行	浙江工商大学出版社	
	(杭州市教工路198号　邮政编码310012)	
	(E-mail:zjgsupress@163.com)	
	(网址:http://www.zjgsupress.com)	
	电话:0571-88904980,88831806(传真)	
排　版	杭州朝曦图文设计有限公司	
印　刷	杭州宏雅印刷有限公司	
开　本	710 mm×1000 mm　1/16	
印　张	7.75	
字　数	156千	
版 印 次	2024年8月第1版　2024年8月第1次印刷	
书　号	ISBN 978-7-5178-6116-4	
定　价	56.00元	

本著作由以下课题项目资助：

国家留学基金管理委员会公派出国访学项目（横滨国立大学）：(CSC)
202108510079

2022年度浙江省中国特色社会主义理论体系研究中心浙江海洋大学基地
立项课题：共同富裕视域下女性生育观念研究

浙江海洋大学人才引进科研项目（课题编号11125090222）

四川省哲学社会科学重点研究基地 社会治理创新研究中心课题：积极老
龄化背景下高龄友善社区构建研究——以宜宾市为例（课题编号SHZLZD2005）

尊敬的読者の皆様

　特別養護老人ホームの理事長として多くの年月を過ごし、高齢者の福祉に対する情熱と責任感を胸に、この本をお届けできることを非常に光栄に思います。この本「老人ホームのケアワーカーとして：高齢者の暖かいケアと幸福の探求」は、私たちの長い経験と洞察を共有し、高齢者のケアにおける人間性と理想を追求するものです。

　長いキャリアを通じて、私は高齢者ケアの重要性と複雑さを深く理解しました。高齢者の健康と幸福を支えるために、我々は常に学び、成長し、進化しなければなりません。この本は、高齢者ケアの実践における重要なテーマに焦点を当てています。

　本書では、高齢者の尊厳と快適さを促進する方法、コミュニケーションの重要性、安全な環境の維持、そして高齢者との絆の構築について深く掘り下げます。また、高齢者の心身の健康を支えるための最新のアプローチとベストプラクティスも紹介します。

　この本は、老人ホームでのケアワーカー、看護師、理事、家族、そして高齢者自身に向けて書かれています。我々は共に、高齢者の暖かいケアと幸福の追求に向けて努力し、学び、成長しましょう。高齢者の幸福は、私たちの使命であり、この本はその一環です。

　最後に、この本を実現するために尽力したすべての方々に感謝の意を表します。高齢者ケアの分野での皆様の奉仕と貢献に感謝申し上げます。本書が皆様にとって有益であり、高齢者の幸福と健康に対する情熱を一層燃やす助けとなることを願っています。

　読者の皆様にとって、この本が意義深いものであることを祈念いたします。

　敬具

2023 年 10 月 9 日

目　录

导论

　　我们正处于一个全球性的人口老龄化时期,这是一个无法回避而又充满挑战的时代问题。根据联合国相关评估报告,全球人口老龄化将持续加速。与此同时,老年人口与少年人口的比例将持续扩大,人口年龄中位数也将增加。[①]我们正在经历一场全球性的人口老龄化浪潮。联合国预测,未来几十年,这个趋势将更为明显。老年人口将持续增长,而年轻人口将持续缩减。这种变化将导致人口结构发生深刻变化,社会将呈现出更多的"老年型"特征。如何为高龄者提供恰当的护理与照顾,已经成为世界各国政策制定者面临的一项重大挑战。在所有处于老龄化进程中的国家中,日本无疑是最早面临这一问题的。日本人口老龄化的进程早于其他国家,这使得该国在老年福利和护理方面的实践和探索具有重要的参考价值。

　　本书旨在深度剖析日本的老年福利制度,以及它是如何应对人口老龄化的挑战的。我们将讨论日本的公共政策、社区服务、家庭护理,以及日本独特的以社区为基础的综合护理模式等一系列主题。以社区为基础的综合护理模式的核心理念是,老年人应该在自己熟悉的环境中享受到全面的服务。通过社区与周边的医疗机构、福利机构、志愿者和社区居民的协作,这种模式提供一站式服务,以满足老年人的各种需求。它是日本在社区层面上为了应对老龄化社会而提出的模式,包括医疗、福利等多方面的服务,旨在让需要护理的老年人能够在熟悉的社区环境中继续过自己的生活。据统计,日本有超过90%的老年人能够在自己的社区中得到全面的护理服务,而且这个比例还在不断提高。本书的目标是提供一个全面的视角,以了解日本在老年福利方面所做的努力,以及其在

---

① 侯文若:《全球人口趋势》,世界知识出版社1988年版,第317—319页。

应对老龄化挑战上所取得的成就。我们将详细地分析日本的政策制定过程，以及这些政策是如何影响到每一个老年人的日常生活的。我们会探讨日本在医疗、护理、社区服务、家庭支持等方面的政策，以及这些政策如何综合起来，形成一个全面的支持系统，让每一个老年人都能够在社区中享受到有尊严和舒适的生活。

同时，我们也希望能够从日本的经验中吸取教训，为其他国家老年福利制度的构建提供思考。日本的经验不仅仅是成功的实践，也包括了一些失败的教训。我们会分析日本在老年福利制度构建过程中所面临的挑战，以及它是如何去应对这些挑战的。我们相信，对于其他国家来说，了解这些问题和解决方案具有重要的价值。我们将看到日本是如何通过创新政策和实践，使老年人能够在社区中过上有尊严和舒适的生活的。我们也将看到，尽管这些努力取得了显著成果，但也面临着一些重要的挑战。例如，如何平衡公共和私人的责任，如何提供充足和高质量的护理服务，如何确保每一个老年人都能够得到满足自己需要的服务，等等。

通过对日本的研究，我们希望读者能够更全面地理解老龄化社会的挑战，以及如何通过公共政策和社区实践来应对这些挑战。同时，我们也希望本书能够为其他国家在应对老龄化问题上提供有用的参考。我们希望本书的读者能够从中获得启示，无论他们是政策制定者、社区工作者、家庭照护者，还是任何其他对社会福利、人口学、老年照护或日本社会感兴趣的人。日本的经验提供给我们的教训是，应对老龄化需要全社会的参与，需要政策制定者、社区、家庭和个人的共同努力。每个人都可能直接或间接地受到老龄化的影响，因此，每个人都有责任寻找解决方案。应对老龄化不仅仅是为了我们的父母和祖父母，更是为了我们自己的未来。

我们希望本书能够为这一共同努力提供启示。我们也希望读者能够通过理解日本的养老模式，看到老龄化不仅仅是一个挑战，也是一个重大的机遇。老龄化社会提供了一个机遇，让我们重新思考相关的社会机制设计，让我们重新定义什么是有尊严和舒适的生活，让我们重新设想我们的社区和家庭应该是怎样的。我们也希望读者能够看到，虽然应对老龄化的挑战是艰巨的，但是我们并不孤独。全世界的人们都在寻找解决方案，我们可以共同学习不同国家的养老实践,共享经验,共同进步。我们也希望本书能够为这一全球性问题的对话和交流提供一个平台。

虽然我们无法阻止人口老龄化的趋势,但我们可以通过自身的努力,使老龄化成为一种积极的变化,为每个人的生活带来更多的幸福和满足。让我们一起通过探索日本的养老模式,找到适应老龄化社会的最佳方法,为高龄者创造一个更加健康、更加有尊严的生活环境。

第一章
日本人口老龄化现状及其影响

第一节　人口老龄化现象

　　日本的人口老龄化问题是全球公认的问题,日本甚至被称为"超老龄化社会"。人口老龄化不仅在数量上表现为老年人口的增加,而且在质量上反映出老年人的健康状况和生活质量的改善。这种现象使得"老年人"这个词的定义变得模糊且有争议。日常生活中"老年人"一词虽然被广泛使用,但没有统一的定义。这是因为它还取决于当时社会的变化和每个人的身心健康状况。在许多国家和地区,包括日本,人们通常将65岁作为进入老年的标准。由于医疗技术的进步和生活条件的改善,许多65—74岁的人仍然保持着良好的身心健康状况,能够参与各种社会活动,因此,他们的生活状态和传统意义上的"老年人"有很大的不同。为了反映这种变化,日本老年学会和日本老年医学会曾提议将75岁或以上作为划分老年人的新标准,并指出,各种调查显示人们对将65岁及以上人群称为老年人的传统做法表达了强烈的负面看法,因为这无视了这类人群的健康状况和社会活动能力。这个提议基于对老年人身心老龄化的大量数据的筛查,以及对65岁及以上人群的广泛调研。

　　这个提议引发了一场广泛的社会讨论。一方面,有人认为这是对老年人活力和贡献的肯定,可以帮助消除对老年人的负面刻板印象,鼓励他们继续参与社会活动。另一方面,有人担忧这可能会影响老年人的社会保障,因为如果提高老年人的起始年龄,可能会导致一些65岁以上但不满75岁的人失去他们应有的福利。

一、总人口的减少

日本内阁发布的《老龄化社会对策大纲》规定,65岁及以上者称为老年人,以此来确定老龄化率,即老年人口占总人口的比例。因此,目前日本对老年人的定义是65岁及以上的人。据此标准,截至2022年,日本老年人口占总人口的比例为28.9%。1950年,日本老龄化率不到5%,但在1970年超过了7%,1994年超过了14%。据日本内阁发布的《令和4年版老龄社会白皮书(概要版)》,日本正在进入一个超老龄化社会。2016年,日本65—74岁人口达到峰值,为1768万人,但预计到2028年将下降,不过,在2028年后,它又开始增加,预计到2041年再次下降,而且预计日本75岁以上的人口在2054年之前将持续增加。如果人口老龄化继续发展下去,预计未来会出现各种问题。在日本,除人口老龄化之外,出生率也在下降。由于人口老龄化,老年人的死亡人数正在减少,与此同时,出生率下降,总人口继续下降。在这种情况下,日本的人口自然增长率出现负值,致使日本的人口总数呈现持续下滑的趋势。根据2021年日本国立社会保障与人口问题研究所的预测,在接下来的50年里,日本总人口减少的速度将逐渐稳定。2010年,日本的总人口达到了12805.7万人的高峰,然后在2020年下降到12410万人,2030年将进一步降至11661.8万人,2040年将降至10727.6万人,2050年将降至1亿人以下,2060年将进一步降至9673.7万人。

二、高龄者成为青年劳动人口的负担

随着人口老龄化的加剧,越来越多的国家面临着一个共同的问题:越来越多的老年人依赖越来越少的青年劳动力来提供经济支持和护理服务。这个现象在日本尤其明显,因为日本是全球人口老龄化最严重的国家之一。

在人口学中,0—14岁的儿童和65岁及以上的老年人口被视为需要抚养的群体,他们通常需要家庭和社会福利的支持。根据日本国立社会保障与人口问题研究所的预测数据,未来日本的儿童抚养比将继续下降,而老年抚养比将持续上升,并且老年抚养比的上升速度将超过儿童抚养比的下降速度,因此,日本的总人口抚养比也将继续上升。2010年,日本的儿童抚养比为20.60%,老年抚养比为36.07%,总人口抚养比为56.67%,预计到2060年,这些比例将分别达到

17.90%、78.41%和96.31%。考虑到日本女性劳动力参与度低,大部分劳动力实际上由男性提供,因此,如果再考虑到性别比例,日本的总人口抚养比将会更高。

2010年,日本的0—14岁、15—64岁和65岁及以上的人口分别为1683.9万人、8173.5万人和2948.4万人,占总人口的比例分别为13.15%、63.83%和23.02%。2020年,这些年龄组的人口分别为1456.8万人、7340.8万人和3612.4万人,占总人口的比例分别为11.74%、59.15%和29.11%。这些统计数据揭示了一个明确的趋势:无论从绝对数量还是从比例角度来看,日本的儿童和劳动年龄人口都在逐渐减少,而老年人口则在不断增长。预计到2060年,日本0—14岁、15—64岁和65岁及以上的人口将进一步变为791.2万人、4418.3万人和3464.2万人,占总人口的比例将分别达到9.12%、50.94%和39.94%。日本的人口老龄化是由多种因素造成的,其中包括儿童和劳动年龄人口的减少以及生育率的下滑:随着劳动年龄人口的老化,他们逐渐转变为老年人口,从而增加了老年人口的规模;生育率的下滑导致了儿童人口的减少。

日本总人口的持续下降主要是受到了儿童和劳动年龄人口数量减少以及老年人口数量增加的影响。未来一段时间内,日本的人口结构将进一步老化,而且在老年人口中,高龄人口的比例将显著提高。2010年,日本70岁以上、80岁以上、90岁以上以及100岁以上的老年人口分别为2121.2万人、820.1万人、137.1万人和4.4万人,这些年龄段的人口占总人口的比例分别为16.56%、6.40%、1.07%和0.03%。预计到2060年,这些年龄段的人口将分别增加至2901.9万人、1744.7万人、582.7万人和63.7万人,占总人口的比例将分别升至33.46%、20.11%、6.72%和0.73%。这种人口年龄结构的转变揭示了日本将进入一个超老龄化的社会阶段,这预示着其将面临更大的经济和社会挑战。首先,从经济角度来看,随着老年人口的增加,他们对社会保障(如养老金、医疗保险等)的需求也在增加。这意味着青年劳动人口需要通过纳税来为这些社会保障支付更多的费用。在一些情况下,这可能会导致税负的增加,从而影响到青年人的生活质量和消费能力。其次,从社会角度来看,随着老年人口的增加,他们对护理服务的需求也在增加。这可能会导致护理服务的短缺,从而增加青年人提供无偿照顾的压力。这个问题在日本尤其严重,因为日本的家庭结构是以核心家庭为主,很多照顾老年人的责任落在了子女特别是女性的身上。

被称为"团块世代"①的在 2015 年达到 65 岁的日本老年人超过了 3387 万人。这群人曾经也被称为"婴儿潮一代"。当这一"婴儿潮一代"在 2025 年达到 75 岁时,日本老年人口预计将达到 3677 万人。随着 65 岁及以上人口的增加,日本老龄化率将继续上升,到 2036 年,1/3 的日本人将是老年人。1950 年,日本 1 个 65 岁及以上的老年人需要 1.21 个劳动年龄人口的支撑,但是,日本人口老龄化率将继续上升,老年人口的数量将增加,并且由于出生率的下降,劳动年龄人口的数量将继续下降,如果这种情况继续下去,预计到 2065 年,1 个老年人将需要 1.3 个劳动年龄人口的支撑。

三、预期寿命延长和进一步老化

2017 年,日本男性的平均预期寿命为 79.64 岁,女性的为 86.39 岁。伴随着医疗技术的发展以及饮食的改善等,日本人的平均预期寿命将继续适度增加,据日本厚生劳动省发布的数据,到 2065 年,日本男性的平均预期寿命将达到 84.95 岁,女性的将达到 91.35 岁。

日本的人口老龄化速度如此之快,主要是由老年人口的死亡率下降以及"长寿化"的快速发展导致的。随着出生率的迅速下降,日本人口平均寿命的明显延长无疑将进一步扩大其老年人口的规模。随着日本经济的飞速发展,国民的生活质量持续提升,与此同时,生活环境、医疗健康技术以及社会福利事业等方面的进步,也极大地提高了日本人口的平均寿命。这可以说是医学进步、国民健康意识提高、独特的饮食习惯、生活环境改善等诸多因素带来的积极结果。根据日本厚生劳动省 2011 年的数据,男性在 75 岁、女性在 65 岁时,他们的平均余命分别是 11.45 年和 23.80 年。这意味着越来越多的人有可能活到 90 岁。1950 年,日本男性和女性的平均预期寿命分别为 59.57 岁和 62.97 岁。然后,在接下来的几十年里,日本人口的平均预期寿命持续延长。日本男性和女性的平均预期寿命延长主要有以下原因。

---

① "团块世代"是日本用来描述 1947—1949 年间出生的人的术语,形象地描述了这一时期出生的人口的密度。

（一）先进的医疗系统

日本的医疗系统处于世界领先水平，这是日本人预期寿命延长的重要原因之一。日本的医疗系统长期以来致力于疾病的预防和治疗。例如，日本在癌症的早期筛查和治疗上取得了显著的成效。此外，日本对心脏病和中风的防治也非常有效。这些都极大地降低了这些疾病的死亡率。先进的医疗技术和高质量的医疗服务使得日本人能够在生病后获得及时和有效的治疗，从而提高了预期寿命。以下是一些关键因素。

1. 高水平的医疗护理等

日本的医疗系统以其高质量的服务和人性化的管理而闻名世界。这一切的背后，是其高水平的医疗护理、先进的医疗设备、优秀的医生和护士团队，以及全面的医疗保险制度。这些因素共同构建出一个全面、高效的医疗保健系统，为日本人提供了优质的医疗服务，使他们的生存率和生活质量得到了显著提高。

先进的医疗设备是日本医疗系统的基础。日本的医疗设备不仅在技术上领先，而且在使用和维护方面也十分出色。这种优势使得医生能够准确地诊断和治疗各种疾病，从而提高了患者的生存率和生活质量。

优秀的医生和护士团队是日本医疗系统的另一个重要支柱。日本的医生和护士都经过严格的专业训练，并且在实践中不断提升知识和技能。他们以专业的知识、热情的服务态度和人性化的护理为患者提供优质的医疗服务。此外，他们还积极参与各种教育和研究项目，以提高自己的专业水平和服务质量。

全面的医疗保险制度是日本医疗系统的核心组成部分。日本的医疗保险制度覆盖了所有的公民。这个制度不仅保证了日本所有人都能够得到必要的医疗护理，而且还降低了医疗护理的经济负担。

日本的医疗系统提供全面、高效的医疗护理，提高了患者的生存率和生活质量，体现了日本社会对人民健康和福祉的高度重视。这种人文关怀和社会责任感，无疑是日本医疗系统得以成功的重要因素。

2. 医疗技术的创新

日本在全球医疗技术创新中扮演着重要的角色。得益于其强大的科研能力和前瞻性的政策支持，日本在基因疗法、人工智能（Artificial Intelligence，AI）、医疗机器人等领域都取得了显著的成就,为疾病的预防、诊断和治疗提供了新的可能性。

基因疗法是一种新兴的医疗技术,它通过修改或替换患者的基因来治疗疾病。日本的研究人员在这个领域取得了许多重要的突破,特别是在治疗一些遗传性疾病和癌症方面。这些成果不仅改变了患者的生活,也对全球医疗技术的发展产生了深远影响。

AI在医疗诊断中的应用也是日本医疗技术创新的一个重要领域。利用深度学习和大数据分析,AI可以帮助医生快速并准确地诊断各种疾病。日本的许多医疗机构都在使用AI进行疾病诊断和治疗,这大大提高了诊断的准确性和效率,有助于人们更早地发现和治疗疾病。

此外,日本的医疗机器人技术也是走在了世界前列。这些机器人可以帮助医生进行精细的手术,或者为患者提供日常的护理服务。日本的达·芬奇手术机器人在微创手术中的应用,以及海豹型机器人在认知障碍治疗中的应用,都显示出了医疗机器人的巨大潜力。日本在医疗技术的创新方面取得了令人瞩目的成就。这些创新不仅提供了新的治疗方法,也为预防疾病提供了新的手段。通过早期诊断和有效治疗,这些技术有助于延长人们的寿命,提高其生活质量。

3. 预防医学的普及

日本的医疗系统非常注重预防医学,其理念是"预防胜于治疗"。从定期体检、疫苗接种到健康教育,日本的预防医学策略全面、深入,旨在降低疾病发生的风险,提高人口的平均寿命。

定期体检是日本预防医学的一个重要组成部分。日本的医疗制度鼓励所有公民定期进行全面的健康检查,包括血液检查、尿液检查、心电图、视力检查、听力检查等。这些检查可以在早期发现严重疾病的迹象,从而在疾病对健康造成严重影响前进行干预。疫苗接种也是日本预防医学的关键策略。日本政府为公民提供了全面的免疫计划,包括儿童和成人的常规疫苗接种。这些疫苗接种可以有效防止各种传染病的发生和传播,保护人们免受疾病的侵害。健康教育是日本预防医学的另一个重要方面。日本的学校、社区和媒体都积极进行健康教育,包括营养饮食、定期锻炼、戒烟戒酒、培养良好的睡眠习惯等。这种健康教育使得日本公民从小就养成了健康的生活习惯,有助于预防各种慢性疾病的发生。

通过定期体检、疫苗接种和健康教育,日本的预防医学策略使得人们可以更早地发现和预防疾病,从而降低了疾病发生的风险,提高了人口的健康水平和平均寿命。这一策略为全球其他国家提供了有价值的参考。

4. 长寿研究

日本在长寿研究领域为全球作出了一流的贡献,研究团队深度探索了如何通过饮食、生活方式改变和药物治疗等手段来延长生命。这些研究不仅有助于提高日本人口的平均寿命,而且为全球的长寿研究提供了宝贵的数据和见解。在饮食方面,日本的长寿研究关注传统日本饮食对寿命的影响。这种饮食习惯以鱼、海鲜、大豆、蔬菜和米饭为主,这些食物低脂肪、低热量,富含膳食纤维和抗氧化物质。研究发现,这种饮食模式有助于控制体重,降低心脏病、糖尿病和某些类型的癌症的风险,从而延长生命。在生活方式改变方面,日本的长寿研究强调了良好的生活习惯对健康和长寿的影响。例如,定期运动、良好的睡眠习惯、积极的社会参与、低压力的生活环境等都被认为是延长寿命的重要因素。在药物治疗方面,日本的研究人员也在探索如何通过药物来延长寿命。例如,他们研发的一些抗衰老药物已经在动物实验中显示出了延长生命的潜力。尽管这些药物在人体上的效果还需要进一步研究,但这为人类寿命的延长提供了新的可能性。

这些研究成果不仅提供了科学依据来提高日本人口的平均寿命,而且也为其他国家提供了实践策略。这些因素的共同作用,使日本的医疗技术能够有效地提高人口的平均寿命。

(二)健康的生活方式

日本人的生活方式对预期寿命的延长也起到了重要的作用。在这一生活方式中,饮食和运动习惯起着至关重要的作用。

首先,从饮食习惯来看,日本人倾向于选择那些富含蛋白质、低脂肪、低盐和高纤维的食物。他们的日常饮食中包含大量的海鲜,如鱼类和贝类,这些食物有助于保持心脏健康。同时,他们也会食用大量的蔬菜、水果和豆腐,这些食物富含维生素和矿物质,有助于维持健康的体重和肠道健康。此外,日本人也喜欢喝茶,尤其是绿茶。绿茶富含抗氧化剂,能够帮助清除体内的有害自由基,对健康有诸多益处。

其次,日本人的运动习惯也对他们的健康和长寿起到了重要作用。在日常生活中,日本人喜欢步行和骑自行车,这些活动都能增强心肺功能,提高身体的耐力和灵活性。此外,日本的很多公园和社区都提供了免费的运动设施,使得大部分人都能方便地进行体育活动。不仅如此,日本的社会和文化也鼓励人们参与各种体育活动,如瑜伽、武术和舞蹈,这些都有助于保持身心健康。

除了饮食和运动习惯,日本人的其他生活方式也有助于他们的健康和长寿。例如,日本的社会和文化强调和谐与平衡。他们倾向于避免过度的压力和紧张,并寻找各种方法来放松和恢复精力,如冥想、按摩等。此外,日本人也重视家庭和社区的关系,他们经常与家人和朋友聚会,分享美食和快乐的时光,这有助于减少压力和孤独感,提高生活满意度。

(三)高质量的社会服务

日本的社会服务也对预期寿命的延长起到了重要的作用。例如,日本的教育体系非常发达,从小学到大学,都提供了高质量的教育服务。良好的教育不仅可以提高人们的生活质量,也可以帮助他们了解健康的生活方式和疾病的预防方法。此外,日本的社会保障体系也非常完善,包括养老保险、医疗保险和失业保险等。这些社会服务保障了人们的生活质量,从而提高了预期寿命。日本的社会服务在其人口的健康与长寿中起着至关重要的作用,包括教育、医疗、社会保障等多个方面。这些服务的高质量和普及程度为日本的长寿社会提供了支持,也是日本能够成功应对人口老龄化的关键因素之一。

首先,教育在日本社会中占据了重要位置。良好的教育不仅提供了知识和技能,使人们能够找到好的工作,提高生活质量,同时也帮助他们了解和采纳健康的生活方式。例如,学校通常会教授关于健康饮食和运动的知识,使学生能够从小养成良好的生活习惯。此外,教育也有助于提高人们的健康意识,使他们能够更好地理解和预防疾病。小学和中学阶段的教育旨在培养学生的基础知识和技能,并培养他们的创新思维和创造力。大学和研究机构提供了专业性的教育,为学生提供了从理论到实践的全方位学习机会。此外,教育系统还强调生涯教育的重要性,鼓励成年人继续学习和发展。其次,日本的医疗也是世界一流的。日本的医疗技术在世界上处于领先水平,并且医疗服务普及力度较大。日本的医疗系统旨在提供质量高、民众负担得起的医疗服务。而且,日本的医疗服务不仅仅关注疾病的治疗,还注重疾病的预防和早期发现。例如,日本在全国范围内实施了定期的体检制度,这有助于早期发现和治疗各种疾病。日本的公共卫生服务也是全球领先的。最后,日本的社会保障体系也非常完善。这些社会保障政策保障了人们在老年、患病或失业等情况下的生活质量。例如,日本的养老保险系统为老年人提供了稳定的收入来源,使他们能够维持良好的生活水平,同时,日本的医疗保险制度也确保了人们在患病时可以得到及时和有效的治疗。

日本的社会服务不仅关注人们的物质生活,也关注人们的精神生活。例如,日本政府为各年龄段的人们提供了各种各样的社区活动,如保健讲座、健身课程、艺术和手工艺班等,以提高人们的生活质量,保持精神健康。这些活动不仅有助于增强社区内的联系,也有助于减少人们的压力和孤独感,从而提高他们的生活满意度。

(四)低生育率

日本的人口生育率在过去几十年中一直处于低水平,这是导致其人口老龄化的主要原因。日本人口经历了两轮显著的增长,分别发生在1947—1949年和1971—1974年,这2个时期被称为"婴儿潮"。在这2个时期中,每年的出生人口都在200万人左右。1967年,日本的总人口突破1亿人,到1970年增长到10372万人。1970—2000年间,日本的人口只增加了2320.6万人,2000年以后人口增长开始放缓,到2005年,日本人口开始出现负增长。

自1950年以来日本的人口死亡率变动并不大,最高的年份是1950年,达到了10.88‰,最低的年份是1980年的6.17‰。与此相比,人口增长的主要变化源于出生率的快速变动。20世纪50年代初,日本的人口出生率还相对较高,达到28.10‰,而人口自然增长率为17.22‰。1990年,日本的人口出生率已经降为9.88‰,人口自然增长率为3.25‰。到2005年,日本的人口出生率进一步下降到8.32‰,人口自然增长率为-0.17‰。这意味着如果不考虑国际移民的影响,日本的人口已经进入了负增长阶段。到2012年,日本的人口出生率进一步下降到8.13‰,自然增长率下降到-1.72‰,人口总量下降到12751.5万人。

总和生育率的快速下降是导致出生率持续降低的主要原因。在日本第一次"婴儿潮"时期,总和生育率曾达到4.3,但随后快速下降。尽管如此,在20世纪70年代,日本的总和生育率仍然保持在2.0左右,这是可以维持人口稳定的水平。从20世纪80年代开始,日本的总和生育率迅速降低,到1985年已经降到1.76,到2005年进一步降低到1.26,后有所回升,到2010年回升到1.39,但到2012年只达到1.41。

日本的总和生育率下降有很多原因,其中经济社会发展带来的外部环境变化是最主要的原因。这主要体现为晚婚、晚育和少子化的趋势。长期以来,日本人口的初婚年龄不断上升,20—34岁的已婚人口比例急剧下降,而且终生未婚的男性人数也在增加。虽然已婚者的生育率保持稳定,但从1990年开始,已婚者中的少子化趋势开始显现。这是因为对于许多家庭来说,年轻妻子的收入对家庭经济非常重要,而在大部分妻子都需要工作的情况下,养育小孩的时间就变得很少,这导致了她们不想生孩子。低生育率导致了新生代人口的减少,同时老年人口的比例还在不断增加。这种人口结构的改变带来了许多社会和经济挑战,如劳动力短缺、社会保障支出增加以及医疗和护理需求增长。日本政府为了应对这些挑战,采取了一系列措施,如推动女性和老年人就业以及提高生育率等。

总之,日本人口预期寿命的延长和人口老龄化的进一步加剧,是多种因素共同作用的结果。这些因素包括先进的医疗技术、健康的生活方式、高质量的社会服务以及低生育率等。

第二节　人口老龄化对日本经济与社会的影响

一、人口老龄化对日本经济的影响

人口老龄化是指人口中老年人比重日益上升的现象,尤其是指在已经达到老年状态的人口中,老年人口比重继续提高的过程。日本是全球老龄化最严重的国家之一。人口老龄化对经济的影响是深远的,因为它会影响到劳动力供应、消费模式、公共财政以及社会福利制度等许多方面。人口老龄化带来了许多挑战,但也为我们提供了转变和创新的机会。通过深入研究和理解这个问题,我们可以制定出有效的政策和策略,以应对这个问题,从而促进经济持续和健康发展。老龄化可能通过3个渠道影响经济增长。

(一)劳动力供应

老龄化可能会导致劳动力供应减少。这可能会导致工资上升,使得企业的运营成本增加。同时,由于劳动力短缺,企业可能无法扩大生产或提高生产效率,这可能会阻碍经济增长。日本的人口老龄化对其劳动力供应产生了直接影响。随着老年人口的增加,适龄劳动力的数量持续减少,这对日本全国的劳动力供应形成了重大压力。统计数据显示,日本 15—64 岁的劳动年龄人口在 1950 年时有 4965.8 万人,在 1995 年达到峰值,为 8726 万人。从那时起,日本劳动年龄人口数量开始逐年下滑,到 2010 年,劳动年龄人口数量减少至 8128 万人,占日本总人口的 63.83%,到 2013 年,进一步减少至 7905.5 万人,占总人口的比例下降至 62.12%。依据日本国立社会保障与人口问题研究所的预测,到 2060 年,日本劳动年龄人口将进一步减少至 4418.3 万人,占总人口的比例将降至 50.94%。尽管目前日本有一部分 65 岁及以上的老年人还在工作,并且他们的数量还在逐年增加,但他们在体力和新知识方面的能力有所不足,对新的工作岗位适应性较差。因此,仅通过提升老年人就业率和技术创新,很难弥补日本劳动力供应的巨大缺口。另外,人口老龄化的快速发展也使得日本劳动年龄人口内部呈现老龄化趋势。劳动力短缺不仅会直接导致生产人力减少,同时也会导致从事护理和医疗工作的人口减少。而这部分劳动年龄人口也将面临老龄化的问题。2013 年,日本 45—64 岁的劳动年龄人口达到 3356.8 万人,而 55—64 岁的劳动年龄人口达到 1745.6 万人。预测到 2060 年,这 2 个年龄段的劳动年龄人口的数量将分别进一步降为 2151.7 万人和 1120.7 万人。这显示了日本各年龄段劳动年龄人口数量的持续下滑,与整体劳动年龄人口减少的趋势相吻合。如果我们以 45—64 岁人口占 15—64 岁人口的比率来衡量劳动力的老龄化程度,那么可以看到日本劳动年龄人口内部的老龄化趋势正持续加剧。2013 年,日本劳动年龄人口的老龄化指数为 42.46%,而到 2060 年,预计这个指数将达到 48.70%。持续的劳动年龄人口老龄化将对社会劳动生产率的提升产生限制,从而对经济增长产生越来越大的负面影响。

(二)储蓄和投资

在经济领域,储蓄和投资是2个重要的组成部分,而人口老龄化对这2个方面都产生了显著的影响。接下来我们将探讨人口老龄化对储蓄和投资行为的影响,以及这种影响是如何改变经济增长的动态的。

对于老年人群体来说,他们在职业生涯中会积累储蓄,然后在退休后使用这些储蓄。随着老龄化人口比例的升高,这可能会提高整体的储蓄率,但是这也不一定就会导致投资的增加。尽管增加的储蓄可以为更多的投资提供资金,但如果这些储蓄并未被有效地投入生产性行业,那么它们就不能转化为经济增长。许多老年人可能更倾向于选择保守的投资策略,如购买国债或将资金存入银行,这些策略风险较小,可以保证他们的退休金安全。老年人的投资倾向可能会影响经济创新和增长。一般来说,老年人更倾向于做低风险的投资,这可能会减少对新兴产业或创新项目的投资。新兴产业和创新项目在经济发展中往往扮演着关键角色,它们带来的新技术和新产品可以推动经济增长。但是这些产业或项目通常需要大量的初始投资,并且风险较高。如果老年人的投资倾向导致这些项目的投资减少,那么这可能会阻碍经济创新和增长。此外,老年人的投资行为也可能影响资本市场的运行。老年人更倾向于稳定的投资,这可能会导致资本市场的波动性减小。虽然这对于稳定经济是有益的,但如果这种偏好导致投资者对高风险、高回报的投资不感兴趣,那么这可能会限制企业的创新和扩张,从而影响经济增长。

人口老龄化对储蓄和投资的影响深远,政策制定者需要在设计经济政策时充分考虑这些因素。首先,政策制定者需要关注储蓄率的变化,并通过政策手段鼓励储蓄的有效投入。例如,政策制定者可以通过提供税收优惠或者提高投资回报等方式,鼓励老年人将储蓄投入生产性行业。其次,政策制定者需要关注老年人的投资倾向,并采取措施鼓励他们投资新兴产业和创新项目。政策制定者可以通过提供风险保障、增加投资信息的透明度等方式,来降低新兴产业和创新项目的投资风险,从而吸引老年人的投资。最后,政策制定者还需要关注老年人的投资行为对资本市场的影响。他们可以通过调整市场机制,如优化市场交易规则、完善市场监管等,来确保资本市场的健康运行,以应对老年人的投资行为可能带来的资本市场的波动性减小。人口老龄化不仅在一国内部产生影响,也在全球范围内产生影响。全球化使得各国经济更加紧密地联系在一起,人口老龄化的影响也将在全球范围内传播。老年人的保守投资策略可能会导致全球资本流动的结构发生变化。在全球范围内,资本通常会流向风险较高但回报也较高的新兴市场。随着老年人口比例的增加,全球资本可能更多地流向风险较低的发达市场,这可能会对全球经济增长的动态产生影响。此外,如果大量的老年人将他们的储蓄投入低风险行业,那么全球的储蓄可能会被"困住",不能被有效地投入生产性行业,从而阻碍全球经济的增长。因此,世界各国需要合作,寻找解决方案,以应对这一问题。

总的来说,人口老龄化对储蓄和投资有着深远的影响。尽管老年人可能有更高的储蓄率,但他们的保守投资策略可能会阻碍资本的有效积累和使用,从而影响经济增长。同时,他们对低风险投资的偏好可能会减少对新兴产业和创新项目的投资,从而阻碍经济的创新和增长。这些问题需要各国政策制定者予以关注,也需要全球的合作和协调来解决。只有这样,我们才能有效地应对人口老龄化带来的挑战,实现可持续的经济增长。

(三)公共财政

随着老年人口的增加,政府需要投入更多的资源来满足他们的需求,如养老金、医疗保健和护理服务等。这可能会加大公共财政的负担,减少政府在教育、基础设施建设等对经济增长有利的领域的投资。随着人口老龄化的加速,日本的社会保障制度面临着前所未有的压力。

首先,我们看到的是国民年金制度面临着持续压力。随着日本人口老龄化的快速发展以及人均寿命的延长,更多的老年人开始领取年金,年金支付额度也在急剧增加,导致日本政府社会保障支付的财政压力日益增大。此外,由于人均寿命的延长,越来越多的老年人领取的年金金额超出了他们原来缴纳的保险费总和,而且这一超出部分还在不断增加。这意味着,目前正在缴纳年金的人未来可能面临领取金额小于缴纳保险费总和的风险。这在年金制度中产生了收益与负担的不对称和不平衡,导致越来越多的人开始漏交或少交政府规定的养老年金。

其次,日本的医疗保险体制也处于危机之中。随着老年人口的增加,医疗保险的支出压力不断增大,而年轻人口的减少则使得医疗保险的收入来源受到威胁。这使得医疗保险体制的可持续性面临严重的挑战。日本的全民医疗保险主要由行业保险和地域保险两大体系组成。由于身体功能的衰退,老年人疾病发病率高,后果严重,所以老年人的医疗开支远超年轻人。人口老龄化的加速,使得日本国民健康保险的财政负担日益沉重,财政状况糟糕,面临严重危机。据统计,日本国民健康保险的年度收支已连年出现赤字。尽管日本政府近年来调整和改革了老年人医疗费用的负担结构,以缓解国民健康保险制度带来的财政压力,但人口老龄化的持续加速仍导致老年人医疗费用持续增长,国民健康保险的财政赤字问题依然严峻。

最后,护理保险费用的负担也在增加。随着年龄的增长,人们更可能患上长期和严重的健康问题,如心脏病、糖尿病和阿尔茨海默病。这增加了对医疗和护理服务的需求,使得日本的医疗系统承受了巨大的压力。日本在2000年推出了护理保险制度,其核心理念是"全社会共同承担老年人的护理责任"。这个制度主要基于以下2个背景因素。

第一,日本的人口老龄化问题日益严重。在人口总体中,行动不便的老年人、卧床不起的老年人以及患有阿尔茨海默病的老年人的数量逐年增加,如何为这部分人群提供有效的护理服务是日本目前面临的一个重大的社会问题。据调查,日本每年有数百万的老年人需要接受护理服务,而这个数字预计在未来几年内将会突破几千万。统计数据显示,日本超过半数的70岁以上的老年人是因为长期卧床不起而去世的,所以需要大量的护理人员来照顾老年人。

第二,家庭对老年人的护理能力在逐渐减弱。随着社会进步和老龄化的加剧,日本的年轻人面临的工作压力和生活压力都在增大,他们对老年人的照顾能力在不断减少。尤其是在城市中工作的年轻人,他们的收入不高,但生活开支很大。此外,以前主要负责照顾家中老人的女儿和儿媳,现在由于受教育程度的提高,她们更愿意出去工作,而不愿意继续在家中做全职主妇。这就使得很多老人得不到家人的照顾,只能选择社会养老。同时,随着观念的变化,现在的年轻人更倾向于拥有自己的独立生活空间,不愿意和父母住在一起,这就使得传统的家庭养老功能受到了很大的冲击。为了解决这个问题,就需要大量的社会护理人员来照顾老年人。

日本当前的福利制度在解决问题上存在一些困难。在日本的老年人保障制度中,与老年人护理相关的主要是老年人福利和老年人医疗2个部分。老年人福利主要包括特别养护、家庭服务员、日托福利等项目。老年人医疗则包括普通医疗服务、老人保健设施、疾病护理等服务。现在面临的问题是,这2个部分不仅在许多服务项目上有所重叠,还不能满足老年人对疾病护理的需求。首先,从老年人福利方面来看,老年人无权自由选择由市、镇、村服务处提供的护理服务,服务费用会根据老年人的个人收入进行调整。高收入者所要花费的服务费用也相应增加,这样的收费模式经常引起需要服务的老年人的反感。此外,由市、镇、村直接提供的服务缺乏竞争机制,服务质量不高,内容过于简单,不能满足老年人的多元化需求。其次,从老年人医疗方面来看,养老院等福利设施的收费是按照老年人的收入来支付的,因此对于中高收入的人来讲,住院费用比老年人福利费用低,这就导致这部分老年人选择长期在医院以寻求低价的护理,这就是日本所称的"社会性住院"。这种情况会造成医疗资源的浪费。医院的设计主要是为了治疗疾病,因此其房间面积很小,缺乏公共设施,这种生活环境并不适合老年人长期居住。

日本的护理保险制度的启动比年金制度和医疗保险制度相对较晚,因此还有很多需要进一步完善的地方,其中最突出的问题就是需要护理的人数的大幅增加导致的费用负担过重。据统计,参加护理保险的人数持续增加,2000年为149万人,护理费用为36273亿日元,到2011年,已经增至417万人,护理费用为83223亿日元。随着日本人口老龄化的进一步加剧,需要护理的老年人口将大幅增加,这将进一步加重护理保险制度的负担。

二、人口老龄化对日本社会的影响

(一)终身工作时代的来临

随着日本人口老龄化的加剧,劳动力结构已经受到深刻影响,老年人占劳动人口的比例逐年上升,这无疑导致了社会负担的增加。虽然短期内通过减少老年人的社会保障支出和调整财政支出政策可能有助于保持经济发展速度,但从长远来看,这将对经济的进一步发展以及社会的和谐稳定产生不利影响。因此,需要改革雇佣结构和制度,充分发挥老年人群体的优势,建立适合高龄人群的雇佣关系,以增加老年人的社会产出,降低社会消耗。政府应该关注如何激发老年人群体的活力和积极性,发挥他们的工作能力,创造更多的社会效益,从而减少老年人的社会消耗和对社会的依赖性。

伴随着物质条件和医疗设施的改善,平均寿命将逐渐延长,这将需要大量的物质和精神消费。同时,人口老龄化也会导致劳动力老龄化,人口产生的社会效益将会减少,消耗的社会产出将会增加。如果不改革老龄保险制度,维持现状将导致社会总产出下降,人民的物质生活水平降低。因此,需要调动老年人的活力,增加他们能创造的社会价值,延长他们的工作年龄。老年人的晚年生活不应只依赖政府的保险制度和个人储蓄,他们应有丰富的精神生活。一方面,可以鼓励老年人积极参加社会活动,丰富他们的老年生活。另一方面,可以加强老年人退休后的雇佣制度,解决他们的物质生活问题,丰富他们的精神生活,让他们感到自己仍有价值,还可以让他们利用自身丰富的生活经验,在一些行业内大放异彩,创造更多的社会产出。可以通过政府引导,设立相应的优惠政策,鼓励老年人从大企业退休后加入小企业,实现劳动力市场的优化,以改变老龄化带来的社会问题。

日本通过提升国民生产力推动经济发展,并加大对教育和文化事业的投入,使得人们的教育程度普遍提高。与此同时,科技的进步使传统行业的劳动力需求逐渐减少,而一大批第三产业开始兴起。虽然老年人的体力可能有所减弱,但他们丰富的社会经验和行业经验成了第三产业的宝贵财富,例如物流运输、金融、会计、律师、广告、设计、教育等行业。第三产业的不断扩大为老年人提供了更多的就业机会,也缓解了就业压力,增加了社会产出,丰富了老年人的晚年生活,使老年人的社会价值得以进一步提升。为了充分利用老年人的优势,增大他们的社会产出,日本政府从以下2个方面推动老年雇佣制度的建设:一方面,政府加大推行老年人退休年龄延长的力度,扩大老年人的在职工作时间,建立专门的小组详细调查老年人退休延迟的各种阻碍;另一方面,政府设定相应的优惠政策,奖励企业实施老年人退休计划。例如,每增加1名老年员工,企业就可以获得政府提供的相应奖励。换句话说,日本的经济发展和教育投入促进了人们教育水平的提升,科技进步导致传统行业的劳动力需求下降,但也催生了对劳动力需求更大的第三产业,这为老年人提供了新的就业机会。政府通过延长退休年龄和提供优惠政策等方式,鼓励企业雇用老年人,增加他们的社会产出，丰富他们的晚年生活，提高他们的社会价值。

日本政府设立了专门的老龄职业介绍所，为老年人提供就业信息，并建立了老年人的人才档案库，积极地向中小企业和第三产业推荐老年人才，这些都是推动老年人再就业，发挥他们晚年余热的举措。政府还设立了就业指导中心，为老年人的再就业提供咨询和介绍服务，完善了老年人的就业体系。此外，政府还加强了对老年人的工作技能培训，提高了他们的职业能力。与此同时，企业也增大了对退休年龄的执行力度，以充分利用老年人的资源。因为工作的专业性，老年人在一个岗位上工作的时间越长，他们所积累的相关经验就越丰富。如果过早地离开岗位，不仅不能利用他们所积累的相关经验为企业创造更多的价值，还会使他们的经验在其他地方得不到应用，失去价值。日本原本的法定退休年龄是60岁，但现在，由于老龄化问题的突出，法定退休年龄已被推迟到65岁。这极大地延长了老年人的工作时间，给他们提供了更多创造社会价值的机会。目前，日本65岁以上的老年人的就业率已经达到了70%，居发达国家前列。

为了进一步推动老年人延长工作年限，日本企业还实施了延长工作年限和再就业制度，即员工达到公司设定的退休年龄后，可以选择继续留在本企业工作，或者达到法定退休年龄后选择再就业。

采取老龄雇佣制度对于日本的老龄化问题来说，是一种非常合理且有效的解决办法，它不仅可以解决劳动力下降的问题，还可以为企业和社会创造更大的社会价值，同时也能为老年人提供更丰富的精神生活。为了缓解日本面临的少子老龄化社会的矛盾，日本政府出台了多项政策，通过延长雇佣年龄和推迟退休，以求在一定程度上解决劳动力短缺的问题，保持社会和经济的稳定。但是这样的雇佣制度也面临着诸多挑战和问题。对于一些体力劳动和专业技能要求较高的工作，如护理工作，高龄工作者可能无法胜任。如果需要转行，他们可能需要重新学习新的知识和技能，这对于高龄工作者来说无疑是一个巨大的挑战。对于一些不断更新和进步的行业，如IT行业，高龄工作者可能难以适应快速变化的技术环境，从而影响他们的工作效率和质量。

此外，如果老年人持续工作并延迟退休，这可能会对年轻人的就业产生影响。在一些日本企业中，即使年轻人的工作表现优异，他们也可能因为资历较浅而无法超越前辈,这可能会打击他们的工作积极性,影响职业发展。因此,如何在鼓励老年人延迟退休和保障年轻人的就业权益之间找到平衡,是日本的雇佣制度需要解决的问题。同时,这种延长雇佣年龄的政策也可能带来一些社会和文化上的变化。例如,可能会改变人们对于退休和老龄的看法,使得人们更加重视终身学习和持续工作。而在社会层面,这一政策可能需要配合各种支持措施,如提供继续教育和培训,改进工作环境和制度,以适应和支持老年人持续工作。总而言之,这需要政府、企业和社会共同努力,通过改革和创新,以实现雇佣制度的公平和可持续,同时确保社会的和谐与稳定。

(二)社会和文化变迁

在社会和文化中,老龄化已经成为一个重要议题。我们的社会正在不断进步,这种进步不仅表现在科技、经济和政策上,也表现在我们对于人权的理解上,这种理解的深化和扩展关系到每一个人。老年人,作为社会的重要群体,他们的权益也应该得到充分的尊重和保护。老年人享有和其他人一样的基本权利,如生活权、健康权和教育权。生活权意味着每一个老年人都应该有权利享受到安全、舒适的生活环境,不应受到忽视和虐待。健康权则要求我们对老年人的身体健康和精神健康给予足够的关注,提供必要的医疗和护理服务。教育权则是老年人应当有机会继续学习,无论他们选择学习的是新的技能,还是纯粹出于兴趣的知识。老年人在年轻时为社会作出过贡献,他们用自己的努力和智慧推动了社会的发展,即使他们已经退休,我们也不应忘记他们过去的贡献,我们要在个人的言语和行动上,在我们的政策和社会环境中尊重他们。尊重老年人也意味着我们需要关注他们的精神健康和社会参与。随着年龄的增长,老年人可能会面临许多精神健康方面的问题,如孤独、焦虑、抑郁等。我们应该在社区和社会层面提供更多的精神健康服务和支持,帮助他们维持良好的精神状态。

老年人的社会参与对于提高他们的生活质量具有重要影响。当老年人参与社会活动时,他们可以保持活力,增强生活满足感,并与社会保持联系。这一点的重要性不容忽视,因此我们需要给予老年人更多的机会和平台,让他们能够参与到社区和社会的多样化活动中,如志愿者工作、社区服务、文化活动等。为了实现这些目标,我们需要在社会和政策层面进行一系列的改革和创新。首先，我们需要改善老年人的生活环境，以满足他们的基本需求和提高他们的生活质量。这可能包括提供更多的老年人服务和设施，如老年公寓、日间照顾中心等。这些设施可以为老年人提供适合他们生活的环境，同时也可以让他们有更多的机会与他人交流和参与社区活动。其次，我们需要改进医疗和护理服务，以便更好地满足老年人的健康需求，如提供更多的医疗资源和服务，改进护理服务的质量和效率，以及提供更多的精神健康支持。我们也需要在教育和培训中加入更多关于老年人照顾的内容，提高全社会对老年人照顾的意识和技能。最后，我们还需要进行文化和观念的改变。我们需要让尊重和照顾老年人的观念深入人心，使之成为社会的主流价值观。我们也需要改变对老年人的刻板印象，让人们看到老年人的活力和潜力，而不仅仅是他们的年龄和身体状况。这需要我们在教育、媒体和社会交往中传播更为全面和积极的老年人形象，同时也需要我们鼓励和支持老年人展现他们的才能和潜力。

老龄化对社会和文化的影响是深远的。我们需要在各个层面上努力，以实现对老年人的尊重和照顾，同时也为他们提供更多的社会参与机会。这样，我们不仅可以提高老年人的生活质量，也可以为社会的和谐与进步作出贡献。

（三）家庭结构改变

一般来说，在普通家庭中，成年子女需要照顾他们的老年父母，这会导致他们自身的职业和私人生活受到影响。同时由于日本少子化社会的发展，可能会导致更多的老年人独居或者需要专门的老年人社区服务。

日本老年人的赡养主要依靠2个路径：一个是政府的保障体系，包括各类保险和养老院等社会福利设施；另一个是依赖于传统的家庭赡养方式，由家庭成员来照顾老年人。随着社会经济的进步和人口老龄化问题的加剧，这2种赡养方式都面临着挑战。政府的保障体系由于财政压力和福利负担的增加，变得越来越难以持续；而传统的家庭赡养方式也面临着考验，由于生活节奏的加快和家庭结构的变化，越来越多的家庭无法或不愿意承担照顾老年人的责任。

日本深受儒家伦理影响，长子与父母同住，负责照顾父母的晚年生活，但是随着经济的快速发展和老龄化的加剧，这种传统的家庭观念正在受到挑战，家庭结构正在发生变化，趋向于核心家庭化、老龄家庭化和小家庭化。因为日本的人口老龄化问题，传统的家庭很难继续承担照顾父母的责任，而选择使用政府提供的保险制度和养老院等方式来照顾父母。家庭成员中60岁以上的人口快速增加,父母与子女同住的可能性越来越小。家庭小型化和单家庭化反映了日本传统家庭照顾老人的功能退化严重。在日本传统观念中,女性主要负责家庭的日常生活琐事,照顾孩子,赡养父母。随着传统伦理观念被打破,女性的受教育水平不断提高,他们不再满足于留在家中做家庭主妇,而选择走向社会,走向工作岗位,更加重视自我价值的实现。这也使得家庭照顾老人的功能进一步受到限制。从20世纪60年代开始,随着社会的进步和消费主义的崛起,日本的家庭结构和生活方式开始发生变化。女性接受了更多的教育,从而进入更多的职业领域,这种转变降低了家庭来照顾老年人的能力,从而使社会和政府承担起更多的责任。与此同时,年轻人的观念也在发生变化。他们开始质疑传统的家庭责任,即子女必须照顾他们的父母。在一项针对赡养父母问题的调查中,半数的老年人认为他们的子女有责任照顾他们,但是只有一部分的中年人和少数的年轻人同意这个观点。最近的调查显示,日本的年轻人更倾向于在有能力的情况下选择赡养父母,如果没有能力,他们会选择将这个责任转移到社会和政府。

老年人在社会中的地位也在发生变化。他们不再被视为享有特权的群体,相反,一些年轻人开始将他们视为负担。这些年轻人不愿意因为照顾父母而降低自己的生活水平和质量,也不愿意让自己的生活空间被父母过多地干扰。这种观念的转变对传统的家庭养老方式和伦理道德产生了巨大的冲击。

(四)消费模式改变

全球的人口老龄化趋势正在改变消费模式和市场动态。老年消费者的需求和偏好与年轻消费者截然不同,他们更倾向于购买与健康、休闲和生活质量密切相关的产品和服务,而不是追求奢侈品或投资房地产。这种消费模式的变化给各种行业,特别是健康、休闲和服务行业,带来了新的挑战和机遇。

1. 健康问题

对于老年消费者来说,健康问题是他们首要关注的点。随着年龄的增长,人们对于自己的健康状况会更加关注,因此,对于医疗保健产品和服务的需求也会随之增加。这为医疗和健康产业提供了巨大的市场潜力和发展机会。

（1）药品

随着年龄的增长，人体会经历各种生理变化，这可能导致各种慢性疾病的发生。因此，老年人对各种药品的需求往往大于年轻人。这些药品包括用于控制或治疗慢性疾病的处方药，以及用于补充营养、保持体力和精神状态的非处方药。对于慢性疾病的药物治疗，许多老年人可能需要长期使用一种或多种药物来控制他们的病情，降低并发症的风险，提高生活质量。

（2）健康食品和保健品

健康食品和保健品在老年人中的普及与人们对健康认识的提高息息相关。许多老年人开始选择这些产品来补充日常饮食可能缺乏的营养，并维护或改善自己的健康状况。在健康食品方面，老年人可能会选择富含各种维生素和矿物质的食品。在保健品方面，老年人可能会选择各种用于增强免疫力、改善记忆力、改善睡眠质量的保健品。

（3）医疗设备

随着科技的发展，各种家用医疗设备已经成为老年人生活的一部分，帮助他们更方便地监测健康状况和提高生活质量。健康监测设备，如血压计、血糖仪、心电监测仪等，能够帮助老年人在家中定期检测自己的健康数据。

辅助设备如助行器、轮椅、听力器等，也对老年人的生活质量有着重要影响。例如，行动不便的老年人可以利用助行器或轮椅来增加他们的移动能力，提高生活自理能力。听力器可以帮助听力受损的老年人改善听力，更好地与家人和朋友交流。此外，一些新型的医疗设备也开始进入老年人的生活。例如，可穿戴设备如智能手环和智能手表，可以实时监测老年人的心率、睡眠质量、活动量等健康数据。另外，电子药盒可以提醒老年人按时服药，避免忘记或重复服药。

（4）医疗和护理服务

老年人对医疗和护理服务的需求的确在增加。这些服务可以为他们提供必要的健康照顾，同时也是他们社会交往和精神支持的重要来源。医疗服务主要包括定期的身体检查和治疗服务。定期的身体检查是早期发现和治疗慢性疾病的重要手段，可以帮助老年人及时了解自己的健康状况，预防各种疾病的发生和发展。治疗服务则是针对已经出现的健康问题进行药物治疗、物理治疗、手术治疗等,可以帮助老年人控制病情,改善生活质量。护理服务主要包括家庭护理和日间护理。家庭护理服务可以为生活不能自理的老年人提供日常生活照顾,如饮食、洗澡、穿衣、用药等,减轻他们的生活负担。日间护理服务则是为那些在家中没有得到足够照顾的老年人提供一个可以接受专业护理和参与各种活动的场所,可以帮助他们改善生活质量,增加社会交往。此外,许多医疗和护理服务还提供各种心理支持,如心理咨询、心理治疗等,可以帮助老年人应对可能出现的各种心理问题,如孤独、焦虑、抑郁等。随着科技的发展,远程医疗和护理服务也越来越普及。例如,远程医疗可以让老年人在家中就可以接受医生的诊疗,远程护理可以让护士或护工通过视频通话指导老年人或他们的照护者进行日常护理。这些服务可以为老年人提供更多便利,降低他们接受医疗和护理服务的难度。

在满足这些需求的同时,我们也需要注意到,老年消费者对于产品和服务的质量有着很高的要求。他们希望这些产品和服务不仅能有效地满足他们的需求,也能为他们提供舒适、愉快的使用体验。因此,对于医疗和健康产业来说,提供高质量、人性化的产品和服务是关键。

2. 休闲和娱乐问题

休闲和娱乐也成了老年人的重要消费部分。随着现代医疗技术的发展和生活水平的提高,人们的寿命越来越长,退休后的生活期限也相应延长。退休后的人们有大量的空闲时间,他们可能会选择旅游、参加各种课程学习和活动,或者购买娱乐设备和服务,以丰富自己的生活。

(1)旅游

旅游是老年人休闲和娱乐的主要方式之一,为了满足老年人的特殊需求,旅游服务和产品需要做出特定的调整和优化,如老年人可能更倾向于选择舒适度较高、体验良好的交通方式,这就需要为他们提供宽敞舒适的座位,易于上下车的车辆设计,以及轻松的出行速度。对于长途旅行,还需要提供便捷的休息和餐饮服务。再如,针对老年人的旅游服务需要更为周到和细致,他们可能需要更详细的旅游信息,包括酒店设施、旅行路线、景点特色等。同时,提供医疗急救服务也是非常重要的,以确保他们在旅途中的安全。此外,老年人的旅游行程可能需要更为灵活和多样化。他们可能更喜欢参观历史文化景点,或者体验自然风光,而不是进行高强度的户外活动。他们可能需要更多的休息时间,所以行程安排需要适当宽松,避免过度疲劳。老年人的特殊需求也需要得到满足。例如,他们可能需要特殊饮食,或者需要存放药品或医疗设备。

(2)教育和课程

对于许多退休的老年人来说,继续学习和充实自己是他们活跃生活的重要方式。他们可能会参加各种学习课程。他们可能会学习绘画或音乐,以发展自己的艺术技能,他们可能会学习烹饪或园艺,以提高生活技能,他们也可能会学习电脑技能或外语,以适应现代生活的需要。此外,一些老年人也可能选择学习历史、文化或其他学术课程,以满足他们的知识需求。参加这些课程不仅可以帮助老年人学习新的知识和技能,还可以为他们提供与社区的同龄人交往的机会。这可以帮助他们打破孤独,增加社交活动,改善心理健康。针对老年人的教育和课程通常需要考虑他们的特殊需求。例如,他们可能需要更灵活的学习时间和地点,更慢的学习速度,以及更多的个人化支持。随着技术的发展,一些在线学习平台已经开始提供针对老年人的课程,让他们可以在家中自由学习。许多课程还可以帮助老年人更好地应对日常生活。例如,健康和健身课程可以帮助他们保持健康,电脑和互联网课程可以帮助他们使用现代技术,财务管理课程可以帮助他们更好地管理退休金。提供灵活、多样化的教育和课程对满足老年人的学习需求和社交需求非常重要。笔者在横滨国立大学访学期间,合作的导师当年招收了一个硕士研究生,就是刚刚退休的65岁老人。这名老人选择继续攻读硕士学位,他认为退休并不意味着停止学习和发展,他希望通过学习新的知识和技能来丰富自己的生活,也希望通过研究来对社会作出贡献。这种高等教育机构提供给老年人继续学习的机会,不仅可以帮助老年人实现他们的学习目标,也可以为高等教育机构带来多样的视角和丰富的经验。例如,这名老人可能会带来独特的人生经验和职业知识,对其他学生和教师都有很大的启发。这种老年人接受高等教育也有助于他们与社会保持联系,避免孤独感。他们通过参加学习小组、讨论会等活动,与教师和其他同学交流思想,分享经验。这不仅可以提高他们的学习效果,也可以扩大他们的社交网络范围,提高生活质量。

（3）娱乐设备和服务

除了外出活动，老年人也可能在家中进行娱乐活动。他们可能会购买各种娱乐设备，如电视、电脑、游戏机等，或者使用各种娱乐服务，如电影、音乐、电子书等。这些设备和服务可以让他们在家中也能享受到丰富多彩的生活，对于老年人来说，这样的娱乐活动也是他们生活的重要组成部分。比如，随着数字化的发展，老年人可以通过流媒体服务观看电影和电视剧，可以通过音乐服务听到各种各样的音乐，可以通过电子书服务阅读各种书籍。这些服务为他们提供了丰富的娱乐选择，让他们可以在家中也能体验到世界的多姿多彩。对于老年人来说，娱乐设备和服务的易用性和无障碍设计非常重要。例如，设备的操作界面需要简单直观，文字需要清晰易读，按钮需要大而明显。服务也需要考虑到他们的特殊需求，例如提供字幕或语音指导，提供慢速播放或放大阅读等功能。娱乐设备和服务还要考虑到老年人的健康和安全。例如，限制噪声和强光，预防视听疲劳，提供定时关闭或提醒休息的功能，预防过度使用。

（4）健身和运动

对于老年人来说，保持身体健康尤为重要，因此他们可能会参加各种健身和运动活动。这些活动不仅可以让他们维持身体健康，增强身体机能，还有助于他们开展社交、减缓心理压力，提高生活质量。老年人可能会参加瑜伽、太极、健步走等健身活动。这些活动强度适中，对关节压力小，可以帮助他们保持身体的柔韧性，增强肌肉力量，提高平衡能力。同时，这些活动也有助于他们放松心情，提高精神状态。除了健身活动，老年人也可以参加游泳、跑步等运动活动。这些活动可以提高他们的心肺功能，减少心血管疾病的风险，帮助他们保持健康的体重。同时，这些活动也可以带给他们乐趣。许多社区都为老年人提供了各种健身和运动活动项目。例如，社区中心可能会开办老年人瑜伽班、游泳班等，公园可能会有老年人晨练团、健步走团等。这些活动不仅可以让老年人在专业人士的指导下健身，还可以让他们结识新的朋友，享受社区生活的快乐。参加健身和运动活动时，老年人需要考虑到自己的健康状况。例如，他们可能需要选择强度适中、不会对关节产生过大压力的活动，他们可能需要在专业人士的指导下进行运动，以防止运动伤害。他们也可以通过定期的健康检查，了解自己的身体状况，合理规划运动计划。总的来说，健身和运动对于老年人的生活质量有着重要的影响。通过参加各种活动，他们不仅可以保持身体健康，还可以享受社交的乐趣，提高生活的满足感。

随着老年人口的增长和老年人购买力的提高，老年休闲和娱乐市场的潜力越来越大。各个行业需要考虑如何更好地满足老年人的特殊需求，为其提供更为舒适、人性化和多样化的产品和服务。

此外，生活质量也是老年消费者关注的重点。他们可能会购买高品质的食品、家居用品，或者使用各种服务，如清洁、烹饪、维修等，以提高生活质量。这些变化给各种行业带来了新的挑战和机会。健康、休闲和服务行业需要调整自己的产品和服务，以满足老年消费者的需求。其他行业也需要了解老年消费者的需求和偏好，以设计和推广适合他们的产品。面对老龄化对消费模式的影响，企业和政策制定者需要采取一系列的应对策略。为了应对老龄化的挑战，日本正在寻找各种解决方案，包括鼓励生育、延长就业年限、推广移民，以及利用机器人技术来弥补劳动力的短缺。

第二章

日本的养老体系

第一节　养老政策和制度的变迁

　　日本的养老保险制度,也被称作"年金制度",如今这个制度已经演变为一个庞大且复杂的全民强制保险体系。

　　日本是世界上人口老龄化最严重的国家之一,养老政策的演变是日本社会政策的重要组成部分。首先,日本的医疗保险制度比其养老保险制度更早建立。1922年4月,日本政府正式颁布了《健康保险法》。这部法律主要针对民间企业的员工及其家属,并在有限的范围内开始实施。到了1927年,《健康保险法》的适用范围扩大到大型工矿企业。这一变化标志着日本医疗保险制度的正式启动。进入20世纪50年代后,随着日本经济的高速增长和产业结构的调整,大量的农村劳动力开始离开农村,转移到城市,成为中小企业发展的主力军。据统计,1954—1957年间,日本企业新增了大约300万名劳动力,其中有200万人没有医疗保险,这造成了严重的社会稳定问题。1956年,日本全国大约有2871万人即32%的人没有参加任何医疗保险,他们主要是从农村流入城市的新增劳动力,以及5人以下小企业的就业者及其家属。[①]

　　20世纪50年代,日本的经济开始快速发展,同时,人口也开始老龄化。由于当时的养老保险制度只覆盖了工人和公务员,很多自雇人员和家庭主妇并未被覆盖。为了解决这个问题,日本政府开始考虑实施全民年金制度。1961年,日本政府正式实施了全民年金制度。这个制度要求所有的日本居民,包括自雇

[①] 沈洁:《日本社会保障制度的发展》,中国劳动社会保障出版社2004年版,第81页。

人员和家庭主妇，都要参加养老保险。这是全世界范围内首次实行的全民年金制度。全民年金制度主要由2个部分组成：基本年金和厚生年金。基本年金部分由日本所有居民共同缴纳，提供基本的养老保障；厚生年金部分由工薪阶层人员缴纳，提供额外的养老保障。在这个制度下，每个人都有义务缴纳基本年金保险费，而且每个人都将获得相同的基本年金待遇。工薪阶层人员还要缴纳厚生年金保险费，他们获得的年金待遇的多少取决于他们的缴费年限和缴费金额。

全民年金制度的实施，极大扩大了日本养老保险的覆盖面，实现了全民的养老保障。这个制度对于提升老年人的生活质量、减少老年人贫困以及应对人口老龄化都起到了重要的作用。尽管全民年金制度在很大程度上解决了养老保险覆盖面不全的问题，但随着人口老龄化的加剧，它也面临了很大的压力。为了确保全民年金制度的可持续性，面对人口老龄化和经济压力，日本政府在20世纪80年代以后，对这一制度进行了一系列的改革，包括提高保险费率、延长领取年金的年龄以及降低部分年金待遇等。另外，日本还实施了长期护理保险制度，以解决老年人日益增加的护理需求。这个制度要求日本所有40岁以上的人缴纳保险费，以支持老年人的长期护理。

总的来说，日本的养老政策经历了从覆盖工人和公务员，到覆盖全民，再到面临人口老龄化和经济压力进行改革，以及实施长期护理保险制度等一系列的演变。这些政策的演变反映了日本在应对人口老龄化和社会经济压力方面的努力和经验，对其他国家有很大的借鉴意义。由于人口老龄化的压力仍在持续，日本的养老政策可能还会继续演变。

1963年，日本政府颁布了《老人福利法》，赋予了国家和社会以照顾老年人的责任，这标志着中央集权型的老年福利体系的建立。进入20世纪70年代，这个体系的一些缺陷开始显露出来。例如，在实施了对75岁以上老人的免费医疗制度后，老人的医疗开支迅速增加，超过了其他医疗项目的增长。在一个财政年度中，国民收入和总医疗费用分别增长了2倍和3倍，而老人的医疗费用增长了5倍。在那个年度，日本的医疗总支出首次超过了10万亿日元，达到了13万亿日元，占国民所得的6%，其中，老人的医疗费用为4万亿日元，约占总支出的30%。因此，如何控制日益上升的医疗费用，特别是老人的医疗费用，成为日本政府必须面对的一大难题。老人的医疗费用比一般国民的要高出许多。这部分高出的费用最终转嫁到了中青年一代身上,导致了国民负担增大,出现了代际负担不平等的问题。此外,日本实行的是多元体制的医疗保险,随着医疗保险制度的成熟,历史运行时间越长、参保老人越多的保险机构,更容易出现医疗费用负担加重的问题,导致各保险制度间出现严重失衡。同时,日本社会普遍过于重视治疗,而忽视了疾病的预防和保健,使得预防和保健政策相对薄弱。

20世纪80年代,日本遭遇了老龄化的首个高峰,引发了一系列的社会和经济问题。为应对这一挑战,1982年7月日本政府制定并实施了《老人保健法》。这项法规的核心目标是将老人的医疗和健康保护从普通公民的保健保险系统中独立出来,以建立一个更适应老人需求的独立制度。《老人保健法》关注的是已经参加医疗保险制度的75岁以上老人,或者65岁以上的重病患者,他们是《老人福利法》的免费医疗服务的受益对象。按照这项法律,如果老人需要住院,但住院期不超过一个月,他们每天可以获得一定量的日元补贴。对于门诊病人,如果治疗期不超过一个月,他们每天也可以获得一定的日元补贴。这项法规同时废止了老人免费医疗制度。在这项制度下,老人医疗费用的负担被分配给个人、国家和保险机构。老人需要支付一定额度的费用,但个人支付的部分不会超过总费用的一定比例。此外,老人的医疗保险不仅包含了保险的待遇,还包括了国家的医疗保险部分,后者的费用由国家和地方政府负担。这也意味着老人的医疗和健康保健在一定程度上进行了分离。对于健康的老人和患病的老人,政府采取了不同的社会政策,强调了以预防为主的保健事业。老人保健制度在日本的国民医疗体系中是一个相对独立的部分。尽管这个制度在一定程度上类似于医疗保险,但它更接近于医疗福利。虽然保险机构承担了一半以上的费用,但由于政府采取了不定期的补助方式来弥补保险机构的赤字,因此这个制度实际上是由政府负担的公费医疗。

虽然《老人保健法》的实施对控制老年人医疗费用的膨胀起到了一定作用,但老年人的医疗费用占国民医疗费用的比例仍有所上升。这个现象的出现有多方面的原因。一是日本人口老龄化。日本是全球人口老龄化最严重的国家之一,老年人口占总人口的比例持续增加。二是老年人的医疗需求持续增加。随着年龄的增长,人们的健康问题也会增加,医疗需求则相应增加。因此,老年人的医疗费用通常会比年轻人的高。三是医疗保险制度的问题。国民健康保险和船员保险中老年人的参保比例较高,他们所承担的保险费用比例也较高,这可能导致老年人在医疗保险费用上承受更大的负担。为了解决这一问题,日本政府在1986—2002年这一段时间内对《老人保健法》进行了多次修订。修订的焦点包括:一是提高病人负担医疗费用的比例;二是增加老年人参保比例较低的健康保险组合的负担比例;三是创设能够发挥康复治疗功能的中间设施,即老人保健设施。日本的养老保险制度主要有3个等级。第一个等级是国民年金制度,也就是基础养老保险,所有符合条件的日本国民都必须参加。在这个体系中,参保的人大体上可以被分为非受雇的个体户、农民和学生,公营和私营部门的员工,以及私营部门员工的配偶。第二个等级包括厚生年金和共济年金,这是大中型私营企业的员工和公务员必须参加的,保费与个人收入挂钩。厚生年金主要涵盖私营部门的员工和他们的配偶,而共济年金则主要涵盖公务员。第三个等级是厚生年金基金和企业年金,这是由企业或个人自由选择的。

第二节　日本的综合社区支持中心

作为全球老龄化发展最为迅速的国家之一,日本在社区养老服务方面的实践和创新引人关注。其中,日本的综合社区支持中心的运作模式及其效果,成了全球老龄化社会研究的重要参考。综合社区支持中心是日本在面对老龄化社会挑战时的主要应对措施之一。这些中心以社区为单位,提供包括健康咨询、生活指导、心理支持等全方位的服务,以满足社区内老年人的各种需求。它们致力于构建一个"在家老去"的社区环境,让老年人可以在熟悉的社区环境中享受宁静、舒适的晚年生活。当然,这些中心在运作过程中也面临着诸多挑战,如人力资源短缺、服务需求与提供之间的矛盾、社区老龄化程度不均等问题。如何解决这些问题,提升综合社区支持中心的服务质量和效率,是日本面临的重要挑战。

日本的综合社区支持中心是社区养老的核心,它是一种基于社区的综合服务模式。这些中心的主要目标是维护和提高老年人的生活质量,使他们能够在社区中自主、有尊严和舒适地生活。社区养老有以下几个显著的特点。

一、提供一站式服务

一站式服务作为综合社区支持中心的核心特点,其意义深远。这种服务模式不仅明显提高了效率,也在更大程度上满足了广大老年人群和他们家庭成员的需求。在这样的服务模式下,老年人或他们的家人可以在一个地点获得多种服务,包括但不限于健康咨询、生活援助、社区活动信息等,这使得老年人和他们的家人在获取所需服务的过程中不再需要在多个机构之间来回奔波,极大地提高了获取服务的效率,并减少了不必要的困扰。健康咨询是这类一站式服务的重要组成部分。随着年龄的增长,老年人的健康状况成了他们和他们的家人最关心的问题。在综合社区支持中心,他们可以得到专业的健康咨询,包括医疗保健信息、疾病预防方法、药物使用指导等。这样的服务可以帮助他们更好地了解自己的健康状况,及时发现和处理健康问题。生活援助也是一站式服务中不可或缺的一部分。许多老年人在日常生活中需要一些帮助,例如购物、烹饪、清洁等,综合社区支持中心可以提供这些服务,使老年人的生活变得更轻松、更自在。综合社区支持中心定期组织各种社区活动,包括健身课程、手工艺活动、知识讲座等,这些活动可以让老年人保持身心健康、在社区中建立友好的社交关系,从而提高他们的生活质量。

一站式服务不仅仅是一种服务模式,更是一种尊重和关怀老年人的方式。通过这种方式,综合社区支持中心可以更好地理解老年人的需求,为他们提供更贴心、更全面的服务。同时,这种方式也能帮助综合社区支持中心更有效地利用资源,提高服务质量。因此,我们应该积极推广这种服务模式,为老年人提供更好的服务,让他们在晚年能够过上更舒适、更幸福的生活。

二、提供个性化服务

日本已经开发并实施了一些创新的社区服务,以满足其老年人口的需求。这些综合社区支持中心以个体为中心,根据每个人的需求和情况提供定制化的服务。这种个性化的服务方法,不仅提高了服务的效率,同时也满足了老年人群体的多样化需求。

健康管理是这些综合社区支持中心的重要功能之一。考虑到每个老年人的健康状况都是独特的,综合社区支持中心会根据他们的具体情况提供个性化的健康管理服务。例如,对于患有慢性疾病的老年人,综合社区支持中心会提供疾病管理和药物管理服务,对于身体健康的老年人,会提供预防保健和健康生活方式建议。这种以个人为中心的服务模式,确保了每个老年人都能得到适合自己的健康管理服务。生活援助也是这些社区服务中心提供的重要服务之一。综合社区支持中心会根据每个老年人的生活能力和需求,提供定制化的生活援助服务。例如,对于生活自理能力较弱的老年人,会提供饭菜送达、家务帮助等服务,对于生活自理能力较强的老年人,会提供社区资源信息、健康咨询等服务。这种个性化的服务方式,确保了每个老年人都能得到符合自己需求的生活援助。综合社区支持中心会根据每个老年人的兴趣和喜好,提供各种社区活动。例如,对于喜欢运动的老人,综合社区支持中心会组织各种健身活动,对于喜欢艺术的老人,会提供各种艺术课程和工作坊的学习。这种个性化的社区活动,让老年人在享受生活的同时,也能够增强他们的社区归属感。日本的综合社区支持中心以个人为中心,提供个性化的服务,这种服务模式有效地满足了老年人群体的多样化需求。这种以人为本的服务模式,值得全球其他国家和地区借鉴和学习。

三、拥有专业团队

日本的综合社区支持中心的专业团队由社工、护士、物理治疗师、营养师、心理咨询师等专业人员组成,他们各自在不同的领域具有丰富的经验,可以为老年人提供全方位的服务。社工是这个专业团队的重要一员,他们主要负责与老年人进行交流,了解他们的需求,然后协调团队内的其他专业人员,为老年人提供个性化的服务。社工还负责组织各种社区活动,为老年人提供社交平台,增强他们的社区归属感。护士主要负责老年人的健康管理,他们会根据每个老年人的健康状况,制订个性化的健康管理计划。例如,对于患有慢性疾病的老年人,护士会提供疾病管理和药物管理服务,对于身体健康的老人,他们会提供健康咨询和预防保健服务。物理治疗师在老年人的康复治疗和生活质量提升方面起着关键的作用。他们会根据老年人的身体状况,提供个性化的康复治疗计划,帮助他们改善身体功能,提高生活质量。营养师主要负责为老年人提供营养咨询和饮食指导,他们会根据每个老年人的健康状况和口味,制订个性化的饮食计划,帮助他们维持良好的营养状态。心理咨询师则主要负责提供心理咨询服务,帮助老年人处理各种心理问题,如孤独、焦虑、抑郁等。

这些专业人员会定期进行评估和交流,确保服务的质量和效果。他们会定期检查老年人的健康状况,评估他们的生活质量,然后根据评估结果调整服务内容和方式。此外,他们还会定期进行团队交流,分享各自的经验和观察记录,以提升整个团队的服务水平。日本的综合社区支持中心的专业团队以其全面和专业的服务,为老年人提供了优质的服务。这种以团队为基础、以个体为中心的服务模式,值得全球其他国家和地区借鉴和学习。

四、资源链接

日本的综合社区支持中心在养老服务体系中担任着至关重要的角色。除了直接为老年人提供各种服务外,这些中心还负责协调和链接社区内外的各种资源,形成一个全面的服务网络,以满足老年人多样化和个性化的需求。

首先,综合社区支持中心与医疗机构密切合作,以提供连贯和协同的医疗服务。当综合社区支持中心的护士或物理治疗师发现老年人的健康状况需要医疗干预时,他们会及时将信息转达给合作的医疗机构,并协调提供医疗服务。此外,综合社区支持中心的工作人员还会定期与医疗机构的医生和护士交流,分享老年人的健康状况和需求,以便医疗机构能够提供更精准和个性化的服务。其次,综合社区支持中心还与家庭护理员进行合作。对于需要在家接受护理服务的老年人,社区支持中心会联系家庭护理员,并监督服务的质量。同时,综合社区支持中心的社工和护士也会为家庭护理员提供必要的培训和支持,以提高他们的服务水平。最后,综合社区支持中心还与社区活动中心等其他服务提供者进行协调,以向老年人提供丰富和多样化的活动。例如,他们会与社区活动中心合作,为老年人提供各种健身课程、艺术工作坊等。综合社区支持中心还会组织社区内的志愿者提供各种援助,如陪伴老年人散步、读书等。同时,他们也会为家庭成员护理老年人提供支持,如教他们如何照顾患有慢性疾病的老人等。

日本的综合社区支持中心通过协调和链接各种资源,形成了一个全面的服务网络,有效地满足了老年人的多样化和个性化的需求。这种以人为本、以服务网络为支撑的养老服务模式,不仅提高了服务的效率和质量,也增强了社区的养老支持力量。

五、预防和早期干预

日本的社区养老服务中心在提供综合性养老服务的同时,也注重预防和早期干预工作。他们深知预防胜于治疗,尤其是在养老服务领域,早期发现和处理健康问题可以大大提高老年人的生活质量,并减少医疗和护理的负担。社区养老服务中心会定期对社区的老年人进行健康检查。这些健康检查涵盖了身体健康、心理健康等,可以早期发现老年人的健康问题。例如,他们会定期进行血压和血糖检查以及认知能力评估。一旦发现老年人有健康问题,社区养老服务中心的专业团队就会立即采取行动。例如,如果发现老年人有高血糖的问题,他们的护士和营养师会提供疾病管理和饮食指导,如果发现老年人有认知障碍的问题,他们的社工和心理咨询师会提供必要的支持和咨询。除了健康检查外,社区养老服务中心还会提供健康教育和生活指导,以帮助老年人保持良好的生活习惯和状态。例如,他们会定期开展健康讲座,教育老年人如何预防和管理慢性疾病,如何保持良好的饮食和运动习惯等。同时,他们也会提供生活指导,如如何进行有效的自我护理。

此外,社区养老服务中心还会与社区内其他服务提供者,如医疗机构、家庭护理员等进行协调和合作,以提供全面的预防和早期干预服务。例如,他们会与医疗机构合作,定期为老年人提供专科检查,他们也会与家庭护理员合作,为居家的老年人提供健康监测和疾病管理服务。日本的社区养老服务中心通过预防和早期干预,有效地保护了老年人的健康,提高了他们的生活质量。

六、社区参与

日本的养老服务的一个重要特点是鼓励和支持老年人参与社区活动,以增强他们的社会联系和生活满足感。

首先,综合社区支持中心会组织各种健身活动,如太极、瑜伽、健步走等,让老年人能够在轻松愉快的氛围中保持身体活力。这些活动不仅能够帮助老年人保持健康,还能够为他们提供一个社交平台,让他们在活动中结交新朋友,增强社会联系。其次,综合社区支持中心还会组织各种文化活动,如艺术工作坊、音乐会、电影放映等。这些活动不仅能够丰富老年人的精神生活,还能够激发他们的创造力和艺术才能。例如,他们可以在艺术工作坊中学习绘画或手工艺,从而提高自身的艺术技能,在创作中找到乐趣和满足感。再次,综合社区支持中心还会组织各种社区庆祝活动,如节日聚餐、生日派对等。老年人可以在这些活动中与邻居和朋友共享快乐时光,感受社区的温暖和友情。最后,综合社区支持中心会鼓励和支持老年人参与志愿者活动,如社区绿化、垃圾分类等。这些活动可以让老年人发挥他们的能力和经验,同时也可以让他们感觉自己仍然是社区的重要组成部分,增强他们的生活满足感。

　　日本的综合社区支持中心是一个全面、个性化、链接社区资源的服务机构,他们的工作不仅可以帮助老年人在社区中独立生活,还可以提高他们的生活质量。通过鼓励和支持老年人参与社区活动,有效地增强了他们的社会联系和生活满足感。这种以社区参与为主的养老服务模式,为全球其他国家和地区的养老服务提供了有益的借鉴。

第三节　长期护理保险制度:保障高龄者福祉的重要政策

　　日本的长期护理保险制度(Long-Term Care Insurance,LTCI)是针对老龄化社会的特殊需求而设立的一项社会保障制度。这个制度从 2000 年开始实施,旨在解决老年人的长期护理问题,减轻家庭护理负担,同时保证所有需要护理的老年人都能得到适当的服务。这个制度由基层地方政府——市町村来充当保险人的角色,市町村具有决定给付、实施给付的事权和决定保险费率、征收和管理保险费的财权。①市町村同时也承担部分保险费用,此外,国家和都、道、府、县也会为其提供财政和行政支援,以确保该制度顺利运行。LTCI 的费用还有一部分是由所有 40 岁以上的日本公民通过保险费支付的,这种资金来源方式保证了 LTCI 的稳定运行,并且使得所有需要护理的老年人都能得到支持。

---

① 宋健敏:《日本社会保障制度》,上海人民出版社 2012 年版,第 235 页。

LTCI 主要覆盖了 65 岁及以上的老年人,为他们提供在家护理、社区护理和住所护理等服务。对于 40—64 岁的人群,如果他们患有特定的老年疾病,也可以享受到 LTCI 的服务。在享受 LTCI 服务之前,需要护理的老年人需要经过一个需要程度评估。这个评估是由政府指定的专业机构进行的,主要评估老年人的身体功能和认知状态,确定他们需要何种程度的护理。根据评估结果,老年人会被分为 7 个不同的等级。根据老年人的需要程度,LTCI 会提供不同的护理服务。这些服务包括日常生活辅助、医疗辅助、康复训练、心理支持等,旨在帮助老年人保持尽可能高的生活质量。在这一制度下,服务主要由政府认证的护理服务机构负责,包括医疗机构、社区护理中心和专业护理机构等。在支付项目上,LTCI 主要涵盖了护理给付、护理预防给付、高额护理(预防)给付、特定入所者护理(预防)给付、高额医疗合算护理(预防)给付和市町村特别给付 6 个类别。

此外,LTCI 提供的服务可以进一步被划分为居家服务、社区服务和机构服务 3 类。目前,护理服务给付项共有 23 种,护理预防服务给付项共有 15 种。在更具体的支付子项目中,包括了对辅助器械的租赁和购买以及家庭住宅改造的支持。例如一款电动轮椅的购买价格为 30 万日元,但如果是租赁,保险人只需要每月支付 2000 日元。同样,一款全自动浴缸的购买价格为 50 万日元,而租赁的价格则只需每月 3000 日元。这些数据表明,日本的长期护理保险制度更倾向于鼓励租赁而非购买,这种价值观导向在很大程度上降低了用户的负担,同时也更有效地利用了资源。日本的长期护理保险制度是一个全面、细致、人性化的制度,它成功地解决了老年人的长期护理问题,提高了他们的生活质量,减轻了家庭的负担,为全球其他面临老龄化问题的国家和地区提供了有益的借鉴。

日本政府很早就为老年人口提供了一些设施,如养老院,而针对虚弱的老年人的特定服务是在 1963 年通过《老年人福利法》后开始的。1973 年,日本政府对长期护理首次做出了重大承诺,为 70 岁及以上的人群提供免费医疗保健。这导致老年人开始大量入住医院,甚至在并不需要医疗治疗的情况下也是如此,因此许多新的小型医院应运而生,实际上充当了养老院的角色。社区基础的护理和养老院在社会福利领域内,相比医疗保健,更适合虚弱的老年人,成本也更低。但这种社会福利由税收支付,因而在年度预算争夺中,老年人的需求往往得不到足够的政治家和利益集团的支持。

日本政府在1989年实施了"黄金计划",包含养老基础设施建设、居家照料等一系列内容,1994年日本政府基于该计划实施中遇到的问题,对其进行了修改,形成了"新黄金计划",使整个社会都参与到老年人福利网络的构建中。这些计划旨在为日本快速增长的老年人口提供更多的护理服务。以下是这些计划包含的一些核心内容及其对老年人的好处。一是建立更多的老年人护理设施。计划中提到了建立更多的老年人疗养院、护理中心等设施。这不仅增加了老年人的选择,也提供了更多的护理服务,使老年人能够在需要的时候获得适当的医疗和护理照顾。二是为家庭提供更多的护理服务。计划还强调了为家庭提供更多的护理服务,如家庭护理、家庭医疗等。这样,老年人可以在熟悉和舒适的家庭环境中获得护理,减少了对医疗设施过度依赖的需求,同时也可以减轻家庭护理压力。三是为护理人员提供更多的培训和支持。为了保证老年人获得服务的质量,计划还包含了为护理人员提供更多的培训和支持。这不仅提升了护理人员的专业技能,也提高了他们的服务质量,使他们能够更有效地满足老年人的需求。

这些计划的实施,对日本老年人的生活质量产生了深远影响。更多的护理设施和服务选项,能够更好地满足老年人的医疗和生活需求,同时,对护理人员的培训和支持,确保了服务的质量和效率。总的来说,这些措施有助于提升老年人的生活质量,并为他们提供更好的医疗服务和生活照顾。"黄金计划"呼吁将养老院床位、家庭助手、日间中心和其他公共设施的数量翻一番甚至翻三番。这些设施原本只限于贫困人口或没有家庭可以依靠的人使用,但在"黄金计划"实施后它们也向普通的中产阶级人群开放了。这个计划如此受欢迎,以至于1994年的"新黄金计划"不得不大幅提升这个10年目标。但是当时日本有官员对"黄金计划"的运作感到担忧。一方面,这个计划正在消耗越来越多的部门预算,而在经济疲软和收入受限的时期,这是一个问题。另一方面,从行政角度来看,该计划日益碎片化、混乱和不合理,它本质上是将斯堪的纳维亚国家的长期护理模式引入日本。

斯堪的纳维亚半岛国家的长期护理模式主要有以下几个特点。一是全民福利。斯堪的纳维亚半岛国家都是福利国家模型的代表。它们通过高税收和公共支出，为所有公民提供包括长期护理在内的全面的社会服务。二是社区护理。这种模式强调在社区而不仅仅是在医院或养老院中提供护理服务。这样的目标是让老年人尽可能地在自己的社区中生活，而不是在机构中。护理服务包括家庭护理服务，以及类似的社区支持服务，如日间护理中心和康复服务。三是预防性护理。这种模式还非常注重预防性护理。其目标是通过早期干预和支持，防止或延迟健康状况的恶化，或者独立生活能力的下降。这可能包括定期的健康检查，以及如饮食和锻炼等生活方式的咨询。四是高税收和公共支出。为了支付公共服务，包括长期护理的费用，斯堪的纳维亚国家的税收水平较高。五是地方政府的角色。在这种模式中，地方政府起着关键的作用，如负责组织和提供长期护理等服务。这需要强大和高效的地方政府机构，以及与社区、非政府组织和私人部门的合作。六是全员参与。在斯堪的纳维亚国家，所有公民都有权利获得这些服务，而且在生命周期的某个阶段，大多数人都会使用这些服务。这种全民参与的特点，有助于降低对这些服务的负面看法，增强了公众对这些服务的支持。

这种模式的优点是人性化和公平，能够为所有公民提供长期的护理服务。同时，它也有一些挑战，比如需要高税收和强大的地方政府机构来维持这种系统，以及需要有效的方式来管理和分配资源。所以这种在相对少数的低收入接受者中运作得还算不错的模式并不能简单地扩展到大量的中产阶级人士中去。

LTCI计划在1994年首次提出，在经历了多个利益团体的协商，以及2个连续的执政联盟中的党派操作之后，于1997年提交给日本国会并获得通过。在2000年实施该计划之前，一些保守派政治家试图阻止该计划，他们认为该计划威胁到了日本家庭系统的神圣性，并反对新的保费，认为这将激起雇主、工人和老年人（他们也需要支付这些费用）的反感。在进行了一些小的修改之后，LTCI计划最终得到了实施。同时，启动这样一个大型和复杂的项目是一个巨大的挑战。在新的系统下，近3000个市政当局需要作为保险公司运行，超过2000万的老年人需要注册并支付费用，250万人需要进行资格审查，3200个提供者需要被纳入新的支付系统，数千个护理经理需要被任命，等等。尽管有人预测这将会是一个无法克服的问题，但事实上，在第一年，一切都运行得非常顺利，LTCI

计划很快就成了日本福利国家的一个正常且重要的组成部分。当然这并不是说LTCI在运行的10多年里没有遇到过问题和争议,它已经被修改了几次,通常是在法律规定的每3年进行一次的财政审查后。审查包括每个市政府为未来3年的项目运作拟订详细计划。日本政府通过改变服务的提供方式,即将低需求的服务从提供护理改为"护理预防",以实现节省。实际上,提供的服务并没有太大的变化,但新的计划允许降低服务的上限,并将护理规划的权力从客户的个人护理经理转移到市政府,这样可以稍微降低费用或吸引力。

这种改变产生了实质性的结果:尽管老年人口持续快速增长,但低需求受益者的数量已经稳定。由于这种改变以及一些较小的改革,例如将一部分食宿费用转移到养老院居民身上,LTCI的总支出短暂停滞,当它重新增长时,其速度与75岁及以上人口(迄今为止主要的使用者)的增长速度相同。

自2000年以来,LTCI已经经历了数次改革。除了2006年的改革相对更为深入外,其他改革都相对温和,只进行了微调。这反映了LTCI在日本社会政策中的稳固地位。尽管关于日本福利国家在持续衰退和人口老龄化的压力下无法维持的警告一直存在,但并没有任何严肃的提议要对弱势老年人的护理进行私有化或削减。对于灾难和长期护理的问题,它既是一个重大挑战,也是一个机会。面对可能发生的自然灾害或其他突发事件,政府和社区需要有预先的计划和准备,以确保长期护理服务的连续性。同时,这也提供了改革和优化现有系统以更好地应对未来挑战的机会。

总的来说,虽然LTCI面临许多挑战,但它已经成为日本社会政策的一个重要组成部分,并为其他国家和地区提供了处理老龄化和长期护理需求的模型。通过不断的改革和调整,该计划有可能保持其核心职能,同时应对日本人口老龄化的现实。

2011年3月11日的地震和海啸是日本历史上最严重的自然灾害之一,造成了大量的人员伤亡和财产损失。在这次灾难中,日本的LTCI在很多关键方面发挥了积极的作用,帮助人们应对并克服了困难。如:日托中心的位置提供了安全保障:在灾难发生时,许多老年人恰好在位于海岸上方的山丘的日托中心。这些设施的地理位置使得他们能够避免直接受到海啸的冲击,从而幸存下来。这显示了在设立日托中心时考虑地理位置和可能的灾难风险的重要性。记录系统帮助迅速找到人：脆弱的老年人的姓名和地址都被记录在相应的数据库中。这个系统在灾难发生后起到了关键的作用，因为它可以帮助救援人员迅速找到在家中的人，甚至在混乱和被破坏的环境中也能这样做。这种记录系统的存在，使得灾后救援工作能迅速展开。服务的快速恢复提供了援助和安慰：尽管各地的情况有很大的不同，但在灾难发生后的两三周内，大多数LTCI提供的服务都已经恢复了。这为社区中的许多老年人提供了安慰和援助，帮助他们在灾后继续生活。

这些情况都表明，LTCI在灾难应对和恢复中发挥了关键的作用。它不仅提供了必要的服务和支持，还通过其记录系统和服务恢复能力，为灾后救援和恢复工作提供了重要的基础。这些经验为其他国家和地区提供了宝贵的经验和教训，但是，这些努力在一场灾难面前还是显得微不足道，在这场灾难中，19000名死亡和失踪者中有55%的人年龄在65岁以上。据估计，由于恶劣的生活条件等，有280名老年人在灾难发生后的3周内死亡。尽管政府迅速放宽了通常的规定，并鼓励服务提供者无论他们在哪里注册、他们有什么文件都可以去帮助人们，但是，在灾难发生后的几周里，向庇护所提供的服务仍然不足。大部分服务在两三个月内才恢复正常，但是，一些养老院的被破坏导致居民们被迫离开他们的家乡。日本的LTCI确实为老年人提供了大量的服务。从2001年到2009年，接受家庭助手服务的人数从51.8万人增加到了116万人。这表明，随着老龄化的加剧，对长期护理服务的需求正在增加。家庭助手服务一般包括个人护理、家务劳动和社交支持。个人护理方面具体包括帮助洗澡、穿衣、饮食以及其他日常生活活动；家务劳动方面具体包括做饭、打扫、购物以及其他家务活动；社交支持方面具体包括帮助老年人保持社交活动，防止他们孤独和被社会隔离。在日本，成人日托服务比家庭助手服务更受欢迎。这可能有3个原因。首先是结构化的日程。成人日托中心提供了一种结构化的日程，包括各种活动和社交机会，这对于许多老年人来说是非常有吸引力的。其次是专业护理。成人日托中心通常有专业的护理人员和医疗设施，可以提供更高级别的护理服务。最后是家庭压力的缓解。对于照顾老年人的家庭成员来说，成人日托服务可以提供一种临时的缓解，让他们有时间处理其他事务或休息。

这些因素使得日本的成人日托服务变得非常受欢迎。无论是家庭助手服务还是成人日托服务,其目标都是帮助老年人维持他们的独立性,改善他们的生活质量,以及提供他们所需要的护理和支持。日本的LTCI强调在社区中提供服务,这一点与斯堪的纳维亚国家的模式相似,服务包括家庭护理服务、日间护理服务、短期住宿护理服务,以及其他社区支持服务。该制度还强调预防性护理,通过提供日常生活支持和健康促进活动,来预防或延迟老年人的健康状况恶化。

此外,日本的养老机构种类繁多,可以满足不同身体状况的老年人的需求。其中特别值得关注的是"特别养护老人之家",这种机构主要针对丧失生活能力、需要随时护理的65岁及以上的老年人,为家庭无力照顾的老年人提供生活护理和功能训练等服务。

笔者曾作为志愿者曾在日本横滨市保土谷区的2家特别养老护理服务中心工作1年。这2家养护中心规模相当,每家都设有110个床位,并全年无休地为行动不便或患有认知障碍的老年人提供服务。这种全天候的服务确保了每一个需要帮助的老年人都能得到及时和充分的关照。

养护中心的设施设计得十分人性化。它们设有双人和单人房间以满足不同的居住需求。每个房间都足够宽敞,让老年人有足够的活动空间。公共活动区则是老年人进行集体活动和交流的主要场所,这里充满了生活情趣和活力。公共浴室配备了专用的洗浴设备,让老年人可以半躺着洗澡,由专人提供入浴服务。这一点对于无法自理的老年人来说尤其重要,因为他们在日常生活中遇到的最大的困难往往就是洗澡。这种人性化的设计和服务,让他们能够在享受洗浴的同时,保持尊严。卫生管理是养护中心的另一个重点。为了保证老年人的健康和安全,每个访客在进入养护中心前都必须换鞋、用消毒液洗手。这种严格的卫生管理制度,旨在防止病菌的传播,确保每一个人都能在一个干净和安全的环境中生活。在养护中心,每个星期都会有各种各样的适合老年人的活动,例如唱民谣、编绳、弹琴等,有的时候会根据季节的不同大家聚在一起,工作人员利用当季蔬菜或水果给他们现场制作饮料和点心。通过举办各种文化和康体活动,养护中心为老年人提供了丰富的精神食粮。这些活动不仅给老年人提供了进行身体活动和学习新技能的机会,也增加了他们的社交活动,让他们在快乐和有意义的活动中度过每一天。

每天下午1—3点是下午茶时间，这是老年人最期待的时刻之一。在护理人员的陪同下，他们可以到一楼的咖啡区享用咖啡、茶等饮品以及各种小点心。这不仅满足了他们的口味，也提供了他们交流和分享生活的机会。他们可以三三两两地坐在一起，聊天说话，享受这个宁静和愉快的时刻。在这里，每一个老年人都被视为有价值、有尊严的个体，他们的需求和欲望都被重视和满足。这种对老年人的尊重和关爱，不仅体现在物质生活的满足上，也体现在精神生活的丰富上，还体现在养护中心工作人员的专业素质和服务态度上。他们以专业的技能、无私的付出和满满的爱心，为每一个老年人都提供了最高质量的服务。他们的努力和付出，使得养护中心成了一个充满爱和关怀的家园。

除了日常的护理服务，养护中心还提供了一系列的心理支持和咨询服务。这些服务对于帮助老年人处理老年期的各种问题，如孤独、焦虑、抑郁等，起到了重要的作用。此外，养护中心还积极与老年人的家庭成员保持沟通，帮助他们理解和接受老年人的状况，提供必要的支持和帮助。

在日本的LTCI中，市政府主要是作为保险人，负责管理和承担财务责任，但他们在关键决策上的影响力相对较小。这是因为许多关键决策，如确定个人是否有资格接受保险和确定其需要的护理级别，都是通过计算机分析标准化问卷的结果来完成的。这些决策最终由一个独立的专家委员会进行审核，以确保公正和透明。市政府对护理经理的监督也相对有限。虽然他们可以提供一般性的建议，但这些建议并不是强制性的，也不适用于特定的个案。这是为了保证服务提供者有足够的自由度，以便根据每个个体的具体需求提供最有效的护理服务。此外，这种安排也有助于保护老年人的隐私和尊严。通过将关键决策权放在专家委员会和护理经理的手中，可以确保个人的信息不会被不必要地公开，同时也可以保证老年人的护理需求能得到充分的考虑和尊重。

虽然LTCI可能会在某些方面限制市政府的权力，但它有助于确保自身的公正性和有效性。通过将关键决策权交给专家委员会，可以确保这些决策基于最新的科学理论和实践，而非受到了政治压力或资源限制的影响。

日本的LTCI还面临着一些挑战。由于日本的人口老龄化非常严重，长期护理的需求持续增加，而资源和服务供应却难以跟上这种增长。此外，虽然日本的LTCI试图鼓励老年人在家中或在社区中接受服务，但许多老年人仍然选择在医院或养老院中接受长期护理。

第四节　日本养老体系的经验

日本作为世界上较早进入老龄社会的国家之一，其养老保障体系的建设和改革经验为全球其他国家或地区提供了一定的参考价值。面对人口老龄化、社会经济变迁等挑战，日本的养老保障体系不断进行调整和优化，以适应社会发展的需要。其中的宝贵经验，如整体协调、一体化改革、增加政府财政投入等，值得我们探讨一番。

一、推迟退休年龄

在面对人口老龄化加剧和养老保障压力增加的问题时，日本政府采取了一系列的措施，其中之一就是推迟退休年龄。这一政策改革不仅有助于减轻财政压力，也有助于调整劳动力市场结构，进一步促进社会公平与和谐。从20世纪90年代开始，日本就开始逐步提高退休年龄，并在养老保障制度改革中逐步推迟领取养老金的起始年龄。此举在一定程度上缓解了人口老龄化对养老保障制度的冲击，也为整个养老保障制度的全面改革提供了足够的时间准备。在1994年的改革中，日本规定了领取厚生养老金固定部分的起始年龄逐步提高，具体来说，女性从2001年的60岁开始逐步提高到2013年的65岁，男性则从2006年开始提高，到2018年达到65岁。在1999年的改革中，日本规定了厚生养老金报酬比例部分的领取起始年龄也开始逐步提高，男性从2013年的60岁开始逐步提高，到2025年达到65岁，女性从2018年开始逐步提高，到2030年达到65岁。到2030年，日本的基本养老金和厚生养老金报酬比例部分的领取起始年龄都将提高到65岁。

推迟退休年龄可以有效缩短领取养老金的时间，从而减轻基本养老金对财政的压力。同时，由于退休年龄的提高，劳动力市场将会有更多的中老年人参与，这有助于缓解劳动力短缺问题，增加经济活力。此外，推迟退休年龄还能减轻老年医疗和护理的财政压力。随着预期寿命的提高，老年人口需要医疗和护理服务的时间也在延长。推迟退休年龄，让老年人在更晚的年纪才开始享受养老服务,有助于减轻公共财政的压力。推迟退休年龄也对日本社会产生了深远的影响。首先,它鼓励了老年人活跃在劳动力市场里,延长了他们的职业生涯,提高了他们的生活质量。其次,这也有助于改变社会对老年人的看法,让更多的人认识到老年人的价值和贡献。最后,推迟退休年龄也有助于减少社会的代际冲突。由于养老保障制度的压力,年轻一代往往需要承担更重的税收负担,推迟退休年龄,可以使老年人减少对养老金的依赖,这样有助于减轻年轻一代的负担。

但是,推迟退休年龄政策也面临着一些挑战。首先,这会增加老年劳动者特别是那些技术陈旧或者身体状况不佳的老年人找工作的困难。由于社会文化和观念的影响,一些企业可能不愿意雇用老年工人。因此,政府需要采取措施,比如提供职业培训,以帮助老年人适应劳动力市场的需求。其次,推迟退休年龄可能会影响到家庭生活,特别是对于那些需要照顾孙子孙女或者年迈父母的老年人来说。因此,政府需要提供必要的社会支持,如提供可负担的托儿服务,以帮助他们平衡工作和家庭生活。最后,推迟退休年龄可能会导致劳动力市场出现过度竞争,尤其是在经济萎靡不振的时期。为了避免这种情况,政府需要通过有效的经济政策,保持经济稳定增长。

总的来说,推迟退休年龄是应对人口老龄化和养老保障压力的有效手段。但是,这也需要政府通过提供职业培训、社会支持等手段,帮助老年人适应新的退休年龄,以确保这一政策的顺利实施。同时,政府也需要继续改革养老保障制度,以适应人口结构的变化,保证所有人都能在老年时享受到公平和稳定的生活。

二、提高公共养老金的整体协调水平

在面对人口老龄化加剧和养老保障压力增加的问题时,日本政府还不断改革养老保障制度,以提高公共养老金的整体协调水平。

日本的公共养老保障制度始于1941年,当时的制度主要覆盖了雇佣工人。随着社会的发展和人口结构的变化,日本在1961年实施了全民养老保险制度,将所有65岁及以上的老年人都纳入了养老保障的范围,但由于历史条件的限制,不同参保对象之间存在较大的差异,特别是在雇佣和非雇佣劳动者、国有和私有公司劳动者等不同参保对象之间。因此,日本在1985年推出了《养老金修订法》。这一法案将所有的被保险人分为第1号、第2号和第3号,设立了基本养老金,推行了全国统一的公共养老金制度,即第一层级的基本养老金制度。此举在一定程度上缩小了不同参保对象之间的差异,实现了养老保障制度的公平性。为了进一步提高公共养老金的整体协调水平,日本政府在2000年进行了一次重大的改革。这次改革中,日本政府决定逐步提高基本养老金的财政补贴比例,从2004年的约30%提高到2020年的50%。同时,日本政府还决定将厚生养老金的财政补贴比例从约30%逐渐提高到50%。

此外,日本政府还对厚生养老金制度进行了一次重大的改革。2004年,厚生养老金制度被改为报酬比例养老金制度,这一改革将厚生养老金的计算方式从固定比例转变为与个人收入挂钩,使得不同收入水平的人的养老金支付更为公平。

这些改革有助于缩小不同养老金制度之间的保险费缴纳和支付标准的差异,实现养老保障制度的公平性,也有助于减轻财政压力,保证养老保障制度的可持续性。首先,增加财政补贴比例,有助于降低被保险人的缴费压力,保障了他们的基本生活。其次,设立基本养老金,有助于缩小不同参保对象之间的差异。最后,改革厚生养老金,使得养老金的支付方式与个人收入挂钩,这有助于实现养老金的公平分配,保障不同收入水平的人的生活。

三、推动整合性改革

日本的养老保障制度历经几十年的演变,其中一项重要的改革方向是推动整合性管理,以消除制度内的不公平现象。这些改革努力确保所有日本公民都能享受到公平的养老金待遇,无论他们的行业、地区或性别。

日本的养老保障制度起初并未形成全国统一的整合性管理。由于历史条件的影响,不同行业、地区甚至不同参保对象之间存在着较大的差异。例如,农村地区的养老保障水平通常低于城市,女性的养老保障权利也没有得到充分保障。因此,随着社会的变化和公众对公平性的日益关注,日本政府开始逐步推进养老保障制度的整合性改革。这些改革不仅提高了统筹水平,也在一定程度上消除了一些不公平的现象。1985年的养老保障制度改革是整合性改革的关键阶段。在这次改革中,日本将所有20—60岁的国民都纳入国民养老金制度,从而确立了女性的"年金权",同时消除了不同行业之间公共养老金收益水平的差异。

这次改革的实施,意味着所有日本公民都有权享受到基本的养老保障,这是日本养老保障制度向全民覆盖、全面保障的方向迈出的重要一步。当然,这并不意味着养老保障制度的整合性改革就此结束,相反,随着社会的变化和公众对公平性的进一步关注,日本政府继续推进养老保障制度的改革。2007年,日本国会审议并通过了《养老金整合法案》,实现了厚生养老金与共济养老金的整合性管理。这次改革将国家共济养老金、地方共济养老金和私立学校共济养老金全部纳入了厚生养老金。这是日本养老保障制度整合性改革的又一重大进步,进一步加强了养老保障的全民性和公平性。

整合性改革对于日本的养老保障制度具有深远的意义。首先,这些改革在一定程度上消除了制度内的一些不公平现象,确保所有公民都能享受到公平的养老金待遇。这不仅提高了公众对养老保障制度的信任和满意度,同时也有助于保障社会的稳定与和谐。其次,整合性改革提升了养老保障制度的效率和效果。通过整合各种养老金制度,政府可以更有效地统筹和调配资源,提高养老金的支付水平和覆盖率。最后,整合性改革也为日本的养老保障制度提供了更强的适应性和灵活性。随着社会的变化,例如人口老龄化、生育率下降等,养老保障制度需要不断调整和改革以适应新的挑战,而整合性改革为这种调整和改革提供了更大的空间和可能性。

尽管整合性改革为日本的养老保障制度带来了许多积极的变化,但也面临着一些挑战,例如,如何确保改革的公平性,避免一部分人群在改革中受到不公平的待遇,如何确保改革的可持续性,避免因为财政压力过大而导致养老保障制度的破产,如何确保改革的包容性,将所有公民都纳入养老保障制度。虽然面临这些挑战,但整合性改革的前景仍然广阔。随着科技的发展和数据分析能力的提升,政府可以更准确地预测和规划养老保障的需求和供给,从而更有效地推进整合性改革。此外,随着公众对公平性的日益关注,整合性改革也将得到更广泛的社会支持。通过持续和深入的整合性改革,我们可以期待一个更公平、更有效、可持续的养老保障制度。

四、增强政府财政支持

老年人在劳动年龄阶段为国家创造了大量的财富,他们在退休后需要领取养老金以满足基本的生活需求。在社会整体养老负担加重的背景下,国家应该承担一部分养老费用支出,以减轻国民的养老压力。日本的人口老龄化速度之快,使得老年人口的规模急剧增加,养老金赤字持续扩大,导致更多人对制度本身产生怀疑和不信任。这样的情况对日本的社会经济发展产生了深远影响,其中最为关键的挑战之一便是养老金制度的维系。老年人口的增加一方面意味着养老金支出的增加,另一方面意味着养老金负担的加重,因为生育率下降后,劳动年龄人口减少了。如何在这样的背景下,保障老年人的基本生活,确保养老金制度的可持续性,是日本政府和社会面临的重要挑战。为了应对人口老龄化带来的挑战,日本政府在养老金制度上进行了一系列的改革。比如,提高了正式退休的年龄,鼓励更多的老年人继续工作,同时也逐步降低了养老金的替代率,即养老金与最后工资的比例。这些措施在一定程度上缓解了养老金的压力。

应该看到,这些措施并不能完全解决问题。随着老年人口的增加,养老金的支出依然在快速增长。因此,日本政府开始寻求从财政角度来解决这一问题。在2004年的养老金制度改革中,日本政府规定国家财政负担的基本养老金支出费用比例应逐步提高,从原来的1/3提高到1/2。这一举措标志着日本政府对养老金问题的重视度进一步提高。随着财政投入的增加,公共基本养老金的支付得到了保障,老年人的基本生活需求得到了满足,也在一定程度上缓解了社会的压力。2012年,日本的公共养老金支出总额达到53.3万亿日元,占国内生产总值的比重达到11.2%,占日本社会保障总支出的比重达到49.1%。[①]这个比例在全球范围内来讲是相当高的,反映出日本政府在养老金问题上的决心。但是,政府的财政投入并不能完全解决问题,政府也在鼓励个人储蓄等,以及提高劳动力参与率,尤其是女性和老年人的劳动力参与率。

---

① 张伊丽:《人口老龄化背景下日本公共养老金制度的经济学分析》,华东师范大学2013年
　博士论文。

无论采取哪种策略，解决养老金问题都需要时间。在此过程中，政府需要不断地评估和调整政策，以适应社会经济的发展。日本的养老金问题是一个复杂的社会经济问题，需要政府、社会和个人共同努力来解决。通过提高政府的财政投入、改革养老金制度，以及推广社区支持服务，日本正在努力应对这些问题。

第三章
高龄者的社会参与与服务创新

随着全球人口结构的变化,高龄者的社会参与及其对社会服务体系的影响已经成为重要的社会议题。本章将深入探讨高龄者的社会参与如何推动服务创新,以及这种创新如何反过来提高高龄者的生活质量和社会参与度。

高龄者的社会参与不仅是他们生活质量的重要组成部分,而且是社会经济发展的重要资源。随着人们寿命的增长,我们需要重新思考老年人在社会中的角色,以及如何通过创新的服务和解决方案来满足他们的需求和期望。在过去的几十年里,我们已经看到了许多关于如何更好地服务高龄者的创新服务,包括医疗、住房、交通和社区服务等。这些创新服务通常需要高龄者的积极参与,以确保满足他们的具体需求和期望。要实现这一目标,我们需要更深入地了解高龄者的需求,以及他们如何参与社会服务的创新过程,我们还需要理解高龄者如何影响服务的设计和实施,以及他们如何通过他们的经验和知识来推动服务创新。本章将探讨这些问题,提供一种理解高龄者如何通过社会参与来推动服务创新的框架。我们将展示如何通过改进服务的设计和实施以及鼓励高龄者进行社会参与,来改善他们的生活质量和社会参与度。

第一节　活跃老龄化的实践:高龄者的社会参与

全球人口老龄化的趋势日益明显,"活跃老龄化"的实践成了关键议题。本节将关注这个主题,探讨如何通过鼓励高龄者进行社会参与,以实现"活跃老龄化"的目标。

"活跃老龄化"是一个涵盖身体健康、心理健康和社会参与3个核心领域的概念。这种模式强调的不仅是延长生命,更重要的是提高生活质量和维持独立性。在这个过程中，高龄者的社会参与尤为重要。人作为社会行动的主体，在社会中与其他个体或群体进行互动的过程，是一种社会化的过程。社会化是个体在社会生活中学习并接受社会文化规范的过程，包括社会对个体进行教化的过程以及与其他社会成员互动，成为合格的社会成员的过程。人类是一种社会性的动物，我们的生存和发展依赖于社会群体。所以，社会化是人类适应社会生活的必要条件。社会化的过程可以视为个体从生而为人到成为一个社会人的过程。在这个过程中，个体必须经历从无知到有知，从无能到有能，从无经验到有经验的转变。社会文化规范和准则，如道德、法律、风俗习惯等，从外在的社会规范转化为个体的内在行为标准。只有经过良好的社会化过程，个体才能顺利地融入社会。社会化并不是一条平坦的道路。一些特殊群体，如老年人，由于各种原因，他们的社会化过程可能出现缺失或不足。这些原因可能包括家庭背景、教育水平、社会经济状况等。他们可能没有足够的机会接触到社会的广泛面貌，也可能缺乏必要的社会参与技能，导致他们不能进行良好的社会互动，从而无法顺利地融入社会。

这种特殊群体的社会化管理问题，不仅影响到他们自身的生活质量和幸福感，也对社会秩序和稳定构成了挑战。对于那些在社会化过程中出现问题的特殊群体，我们需要采取有效的措施，帮助他们改善社会化的状况，让他们能够更好地融入社会。

首先，我们需要提供教育和培训机会，让老年人可以学习到必要的知识和技能，从而提高他们的社会适应能力。其次，我们需要提供就业机会和生活支持，帮助老年人改善生活状况，增强他们的社会参与感。最后，我们需要提供心理咨询和社会服务，帮助老年人解决心理问题，提高他们的心理适应能力。

社会化是一个持续的过程，每个人都需要经历。对于那些在社会化过程中出现问题的特殊群体，我们需要付出更多的关注和努力，确保他们可以顺利地融入社会，实现自我价值。这不仅是对他们的帮助，也是对社会公正、和谐的维护。高龄者的社会化即社会参与可以通过各种形式体现，包括志愿服务、继续教育、文化活动、社区参与、亲友网络的维护等。这种参与不仅可以提高他们的生活质量，增强他们的心理健康，也能为社区和社会带来巨大的价值。当然，达到这一目标并非易事，尤其是在社会管理缺位和经济压力之下。因此，我们需要深入探讨如何创造一个有利于高龄者进行社会参与的环境,以及如何通过政策和实践来支持他们。

在日本少子化和高龄化的进程中,从健康和社会经济的角度来看,老年人可能成为数量最多的弱势群体。同时,为了实现可持续的共生社会,老年人也被期待成为就业和志愿者等有偿和无偿社会贡献的重要承担者。老年人的社会参与和社会贡献可以分为5个阶段:①就业;②志愿者活动;③自我提升(兴趣、学习、保健)活动;④与朋友、邻居等的非正式交流;⑤需要护理的日间服务使用。

老年人的社会参与阶段是多层次的,根据其所需的生活功能和社会责任,从高级到低级形成层次结构。此外,社会参与的基础包括社会角色和社会关系。这种与人的联系和交流也被称为"社会关系"。进一步来说,社会关系可以大致分为2个方面:一是结构性方面,代表了社交网络,如朋友和熟人的数量;二是功能性方面,代表了人际资源和服务的交换,如社会支持。近年来,日本65—69岁男性和女性群体分别约有50%和30%在工作,这使得我们需要关注社会参与的第一阶段——"就业"。

海外关于老年人退休和健康的研究表明,退休对精神健康有积极影响,但对主观健康感觉和身体健康可能有负面影响。此外,根据工作类型的不同,如体力劳动者和办公室工作人员,以及自愿退休与被解雇或健康问题导致的非自愿退休,会出现差异:与退休相比,继续工作,无论是全职还是兼职,都对保持健康有益。退休后继续工作的人在离职后的精神健康在最初的2年里下降,生活功能在4年期间逐渐下降。在关于志愿者活动与健康关系的研究中,大部分分析志愿者活动对健康直接影响的研究,都将心理尺度,如生活满足度、抑郁程度、健康自我评价作为目标变量。无论是横向研究还是纵向研究,都发现志愿者活动与心理健康度存在关联。在调查志愿者活动对身体健康影响的研究中,有报道称其可以抑制死亡、身体功能障碍和虚弱的风险,还有报道称其可以抑制动脉硬化疾病的风险因素。但是,这些研究与心理效果的研究相比,还是不够充分的。其中一个原因可能是参与志愿者活动的老年人的特征导致的偏见。鼓励参与或持续志愿者活动的因素包括较低的年龄、较高的教育程度、较高的年收入、良好的健康状况、有配偶、有过去的志愿者经历等。总的来说,原本心理、生理和社会健康度较高的老年人更可能参加志愿者活动。

新的学习和社会联系具有极其重要的关联。对有遗忘困扰的老年人进行随机对照试验,结果显示,先期接受了3个月的绘本朗读技术学习课程的组别在记忆功能上有干预效果的提升,而后期接受了3个月课程的组别在先期(等待期)没有变化,但在后期接受课程后,其记忆力测试成绩与先期参加组别一样有所提升。老年人的志愿者活动和自我提升活动虽有层次性,但往往会重叠。例如,长期坚持兴趣爱好或训练,可能会形成志愿者活动,或者为提高志愿者活动的质量,进行了多次训练,这些都可能形成正向循环,产生相乘效应。

例如,日本有一个基于跨代交流的自我提升型社会贡献的实例,是由老年人进行的学校支援志愿者项目。这个项目鼓励完成了前述朗读课程的老年志愿者团队,让他们通过定期的绘本朗读活动,与孩子们进行跨代交流,其对听者(孩子)、读者(老年志愿者)以及孩子的监护人有多方面的效果。

在短短9个月的实验中,相比对照组,志愿者组在健康自我评价、社会网络和部分体力上有显著改善。关于对孩子的影响方面,虽然老年人的形象可能随着孩子的成长而下降,但他们与孩子们的交流频度高的话,1年后他们在孩子们的心中仍能保持积极的形象。此外,从2年的追踪过程中可以看到,通过这些志愿者,可以减轻监护人对学校服务活动的心理和物理负担。因此,这个项目可以让老年志愿者、孩子和监护人互惠。对于持续参与这个项目6—7年的老年人志愿者,与对照组比较,他们的预测跌倒风险的体力指标、部分社会网络指标和老年研究活动能力指标的"知识活动性"等,都有显著的保持和下降抑制。

第二节　养老服务的创新与多元化

全球人口老龄化的趋势日益加剧,养老服务的需求也持续增长。然而,传统的养老服务模式已经无法满足现代社会多元化、个性化的需求。因此,养老服务的创新与多元化成了当前社会的一项重要议题。在这个背景下,我们将从各个角度分析现行的养老服务模式,探讨改进与创新的可能性,并提出一些具有前瞻性的解决方案。同时,我们将关注如何通过科技创新、社区参与、跨行业协作等手段,让养老服务更加贴近老年人的需求,以提升他们的生活质量。

一、社区中心的建设

在日本,许多地方政府建立了社区中心,这些中心为老年人提供了丰富多样的活动和服务。例如,他们可以参加健康讲座,了解如何保持健康的生活方式,或者参加各种兴趣班,如绘画、陶艺或烹饪班,以此充实生活。这些服务使得老年人可以在社区中保持活动和参与,从而保持身心健康。此外,一些社区中心还提供临时的照顾服务,让需要被照顾的老年人可以在熟悉的环境中得到所需的照顾。

由于社会结构的变化,伴随着核心家庭的普遍化和社会的垂直分层,代际关系可能会变得更加疏离。因此,现在的社区不再像传统社区那样自发的代际交流能够轻易发生。为此,有必要构建一套促进代际交流的机制。在此背景下,社区社交活动场所以及通勤场所都开始采取相关举措。2019年,日本厚生劳动省发布的一份针对推动全面长期护理预防计划的研究报告建议,应鼓励年长者在育儿沙龙和儿童餐厅等地进行代际交流,作为由居民自主实施的长期护理预防项目。在这种趋势下,代际交流作为一种人口策略的互惠效应,旨在通过老年志愿者讲述故事来提升社区的活力。这个模型已经在日本某些托儿所、小学以及社区活动中心等地得到了实施。持续进行此类代际交流活动,可以为提升老年志愿者的身心健康、提高儿童的情绪智商、支持父母育儿以及增强整个社区的社会资本作出贡献。

二、科技的运用

日本在科技创新方面的领先也体现在其养老服务领域。这种创新有助于解决因人口老龄化而产生的挑战,如医护人员短缺、医疗设施不足以及老年人居住环境恶劣等问题。以下是日本在养老服务领域中应用的一些科技创新。

首先是智能床,这是一种能够监控老年人睡眠状态和各项生理指标的设备。智能床配有各种传感器,可以检测心率、血氧饱和度、呼吸速率等生理参数,并将这些数据实时传输到医护人员的设备上。如果数据显示可能存在健康问题,系统会立即发出警报。这项技术不仅能够提早发现并处理健康问题,而且还能为医护人员节省大量的时间和精力。其次是行走辅助机器人和智能轮椅。行走辅助机器人是一种能够帮助行动不便的老年人移动的设备,它们可以自动调整速度和方向,以适应使用者的步态和行走速度。这些机器人还可以通过预防跌倒和撞击来增加使用者的安全性。智能轮椅则是一种可以自动驾驶的轮椅,使用者只需要通过简单的指令就可以控制它的移动。这些设备都大大提高了行动不便的老年人的生活质量。最后是远程医疗系统。这种系统可以让老年人在家里就能接受健康检查和对医生提出咨询,这对于生活在偏远地区的老年人尤其有用。远程医疗系统通过视频通话、在线聊天等方式,使医生能够远程诊断和治疗患者。此外,许多系统还提供了在线预约、电子病历和在线支付等功能,使得医疗服务更加方便快捷。

日本还在开发其他科技产品来提高老年人的生活质量,如智能假肢、虚拟现实治疗、智能药盒等。这些产品在提高老年人的自理能力、增加他们的社会参与度和改善他们的心理状态上都发挥了重要作用。同时,科技创新也带来了一些问题。例如,许多老年人可能对新技术感到困惑和不安,他们需要时间和帮助来学习如何使用这些设备。此外,隐私和数据安全也是一个重要的问题,因为这些设备通常需要收集和存储大量的个人健康数据。日本的科技创新对改善养老服务质量和解决人口老龄化问题有着重要的影响,但同时,我们也需要关注和解决这些创新带来的问题,以确保所有的老年人都能从中受益。

三、家庭照护者的支援

日本政府为家庭照护者提供了一系列的支持援助措施,比如,向照护者提供培训和经济援助。向照护者提供培训是政府支持计划的重要组成部分。这些培训课程为照护者提供了必要的照护技巧和知识,使他们能够更好地照护有特殊需求的老年人。培训课程通常包括如何帮助老年人进行日常活动,如洗澡、穿衣、吃饭等,以及如何处理可能出现的医疗问题,如心脏病发作等。此外,培训课程还教授照护者如何为老年人提供心理支持,帮助他们应对孤独、焦虑和抑郁等情绪问题。经济援助也是日本政府支持家庭照护者的重要方式。政府为照护者支付的社保可以减轻他们的经济压力,使他们能够专注于照顾老年人,而不必担心自己的生活保障。日本政府还提供了一些其他形式的经济援助,如为购买必要的医疗设备或家庭装修用品提供补贴。此外,日本政府还采取了其他措施来支持家庭照护者。例如,政府设有专门的咨询热线,照护者可以通过电话获取关于照护老年人的信息和建议。政府还推动了社区的参与,鼓励邻里之间的互助,以减轻照护者的压力。

此外,日本政府还推动了法律和政策的改革,以进一步支持家庭照护者。例如,日本政府修改了劳动法,使得照护者可以获得更长时间的带薪休假,以便他们有时间照护老年家庭成员。政府还设立了特别的保护机制,防止照护者在工作场所受到歧视或不公平待遇。尽管政府已经采取了许多措施来支持家庭照护者,但这个问题的解决仍然充满挑战。许多照护者面临着巨大的压力,包括经济压力、时间压力以及情感压力。因此,需要找到更有效的解决方案,以支持这些为社区服务提供帮助的人。日本政府通过向照护者提供培训、经济援助以及其他支持,为家庭照护者提供了重要的帮助。为了更好地支持家庭照护者,我们还需要在政策、社区和个人层面上更努力。

四、养老服务的多元化

日本的养老服务确实非常多元化,可以满足不同老年人的需求和偏好。

(一)传统的养老院

传统的养老院在日本被视为照顾老年人的主要场所之一。它们提供全天候的照顾服务,确保老年人在各个方面的需求都能得到满足。养老院的基本照顾服务包括提供健康的饮食、帮助老年人进行个人卫生护理(如洗澡、换衣服)、保持环境的清洁,以及提供必要的医疗照顾。这些服务由专业的护理人员提供,他们接受过专业的培训,能够处理各种健康和生活问题。在养老院,提供营养均衡的饮食是非常重要的。老年人的饮食需求可能因为健康状况或者个人喜好而不同。因此,养老院通常会有专门的营养师来设计饮食计划,确保每个人的营养需求都能得到满足。许多老年人可能有慢性疾病或其他健康问题,需要定期的医疗照顾。养老院通常会有医疗团队,包括医生、护士和其他医疗专业人员,他们可以提供药物管理、疾病监控、康复疗程等服务。此外,养老院还提供各种娱乐和社交活动,来提高老年人的生活质量。例如,养老院可能会提供瑜伽课、手工艺课、阅读小组、电影之夜等活动。这些活动不仅可以让老年人保持活跃和开心,还可以让他们有机会和其他的老年人进行交流和建立友谊。

养老院通常会提供舒适和安全的环境,让老年人可以享受他们的生活。例如,它们可能会有花园、图书馆、健身房等设施。此外,养老院还会有各种安全设施,如紧急呼叫系统、防跌设施等,以确保老年人的安全。

(二)日间照顾服务

日间照顾服务,也被称为"日托"服务,是为那些在日间需要照顾但晚上可以在家中度过的老年人设计的。这种服务的主要目标是提供一个安全、活跃和支持的环境,同时也让老年人的家庭照护者有时间去工作或休息。老年人在早上被送到日间照顾中心,然后在晚上回家。在日间照顾中心,他们会得到一整个白天的照顾,包括餐食、休息、活动和医疗服务。这样,家庭照护者在知道他们的亲人处于安全和被照顾的环境中后就有信心去工作或处理其他事情。日间照顾中心提供各种服务,以满足老年人的需求。这些服务通常包括餐食、活动、医疗、社交和心理支持等。在餐食方面,日间照顾中心通常会提供早餐、午餐和下午茶。餐食的选择通常会考虑老年人的健康状况和饮食限制。在活动方面,日间照顾中心会组织各种活动,如手工艺、瑜伽、音乐会、游戏等,以保持老年人的身心活跃。这些活动也为老年人提供了社交的机会。在医疗方面,如果需要,日间照顾中心会提供医疗服务,如药物管理、健康监测、康复疗程等。在社交和心理支持方面,日间照顾中心还提供了重要的社交和心理支持。老年人在日间照顾中心可以与其他人交流和建立友谊,这对他们的心理健康和生活质量有很大帮助。日间照顾服务不仅对老年人有益,对他们的家庭照护者也有很大的帮助。照顾老年人通常是一项全职的工作,这可能对家庭照护者的工作、健康和生活质量产生压力。日间照顾服务可以让家庭照护者有时间去工作或休息,以减轻他们的负担。

(三)居家照顾服务

居家照顾服务,也被称为"家庭护理"或"居家护理",是为那些希望在自己熟悉的家中接受照顾的老年人提供的。这种服务的主要目标是帮助老年人在他们的家中独立生活,同时也为家庭照护者提供支持。居家照护服务的内容可以根据老年人的具体需求进行定制。日常生活协助包括帮助老年人进行个人卫生护理、准备饮食、做轻度的家务、帮助购物等。如果老年人有医疗需求,居家照顾服务可以包括药物管理、健康监测、康复疗程等。对于那些身体健康但需要陪伴和社交活动的老年人,护理人员可以陪他们进行各种活动,比如阅读、玩游戏、散步或者拜访朋友,提供伴随服务。居家照顾服务可以减轻家庭照护者的压力,让他们有更多的时间去工作、休息或照顾自己。这对家庭照护者的健康和生活质量来说是非常重要的。在家中接受照顾具有很多优点,对于许多老年人来说,在自己熟悉的环境中接受照顾是非常重要的。他们可以保持自己的日常生活习惯,同时也可以保持与家人和朋友的紧密联系。此外,对于那些有认知问题的老年人来说,待在熟悉的环境中可能会更加安全和舒适。

(四)短期照顾服务

短期照顾服务,也被称为"暂时性照顾"或"替代性照顾",是为那些需要暂时照顾的老年人提供的。这种服务通常在老年人的主要照护者需要休息或处理其他事情时提供。短期照顾服务可以在多种环境中,如老年人的家中、养老院和短期照顾中心提供,包括餐饮服务、医疗服务和一系列的活动。总的来说,短期照顾服务是一种灵活和有用的服务,它可以确保在家庭照护者暂时离开时,老年人仍能得到适当的照顾。

日本的养老服务还会提供一些特色服务,以满足老年人的不同兴趣和需求。针对艺术家的养老院提供了一种独特的服务,重点是为老年艺术家提供艺术创作的环境和机会。这些特色养老院一般有以下特点:在创作设施方面,它们会提供艺术工作室以及各种艺术创作所需的设备和材料。在社区活动方面,它们会定期举办艺术展览等,让老年艺术家有机会展示他们的作品,同时也提供了他们与其他人交流和分享的机会。在艺术教育和导师计划方面,它们会邀请艺术导师,为老年人提供相应的课程。这种特色服务让老年人能够在养老阶段继续追求他们所热爱的事业,保持创新精神,并与社区保持联系,从而提高他们的生活质量。

有些养老院专门为有特定医疗需求的老年人提供服务。例如,这些养老院可能有专门的患者护理区,提供定制化的护理计划,以帮助痴呆症患者尽可能保持生活质量。护理人员接受专门的痴呆症护理培训,以照顾这些有特殊需求的老年人。还有一些养老院提供康复服务,如物理疗法、职业疗法和语言疗法,以帮助老年人恢复身体功能,提高生活自理能力。这些特色服务确保了有特定医疗需求的老年人能够得到适合他们的专业照顾。

总的来说,这些特色服务提供了一种更加个性化的养老照顾方式,以满足老年人的不同兴趣和需求。这些服务强调的是老年人的生活质量和尊严,而不仅仅是基本的照顾需求。

(五)跨行业合作

跨行业合作在日本的养老服务中发挥了重要作用,各行各业都在寻找为老年人提供更好的照顾服务的创新方法。①和食品公司合作:在日本,许多食品公司正在开发和推广健康、营养且易于消化的食品,以满足老年人的特殊需求,或者是针对有吞咽困难的老年人制作软质食品。这些食品公司一般会与医疗机构或养老院合作,以确保他们的产品能满足老年人的营养需求。②和旅行社合作:旅行社也在为老年人提供定制化的旅行服务,这些服务考虑到了老年人的健康状况、兴趣和活动能力。例如,旅行社可能会提供包含轮椅友好的旅行路线、医疗服务,以及针对老年人的慢节奏活动。这些旅行社一般会与养老服务机构合作,以提供一种安全、愉快的旅行体验。③和科技公司合作:科技公司也在为老年人提供各种服务,比如开发易于使用的智能设备,如智能手机和平板电脑,或者是提供健康监测和紧急呼叫设备。科技公司一般会与医疗机构和养老院合作,以为老年人提供更好的照顾服务。④和零售商合作:有些零售商提供为老年人定制的购物服务,如家庭配送、易于阅读的商品标签,以及适合老年人的支付方式。零售商一般会与养老服务机构合作,以为老年人提供更好的购物体验。

这些跨行业合作为老年人的生活提供了更多的便利和乐趣,同时也为各种企业提供了新的商业机会。并且,随着全球老龄化进程的加快,我们预计未来会有更多的企业进入这个市场,提供更多的为老年人设计的产品和服务。

第四章

日本养老模式的制度设计及改革

第一节　日本养老模式的制度设计

随着全球人口趋向老龄化,如何有效地实施养老政策并满足老年人的需求成为许多国家和地区所面临的重要问题。在这个背景下,日本的养老模式值得我们深入研究和借鉴。作为全球人口老龄化最严重的国家之一,日本在养老服务和政策制定方面的经验和教训都非常宝贵。

本书将详细介绍日本的养老模式,包括其制度设计、实施效果以及所面临的挑战。我们的目标是通过分析日本的养老模式,为全球其他国家和地区提供一种有效应对人口老龄化的参考方案,并从中吸取关键经验和得到有益启示。

日本养老模式的制度设计经历了多年的改革和优化,包括公共养老保险制度、长期护理保险制度、住房政策以及社区参与等方面。总的来说,日本养老模式的制度设计以人为本,旨在保障所有老年人的生活质量。这个模式的实施,不仅改善了老年人的生活条件,也为其他面临老龄化问题的国家和地区提供了宝贵的经验。

一、公共养老保险制度

日本的公共养老保险制度是一个复杂的体系,主要包括基础养老保险和厚生年金2个部分。

基础养老保险,也称"第一层养老保险",是一个全民参与的保险制度。所有日本公民和在日本工作的外国人都必须参加基础养老保险。这个制度的目标是为所有的老年人提供一定的经济保障,无论他们的收入如何。基础养老保险的参保者包括各种职业和身份的人，如自营业主、农民、学生、失业者等。这就保证了所有的人在老年时都有一份基本的生活保障。在这个制度下，每个人都需要缴纳相同的保险费。这个保险费的金额每年都会有所调整，与当时社会的经济状况和通货膨胀率挂钩。在参保者达到一定年龄（通常是60岁）后，就可以开始领取养老金。领取养老金的金额是根据参保者的缴费年限来确定的。在满足最低缴费年限（通常是25年）的要求后，参保者就可以领取全额的基础养老金。如果缴费年限不足，那么领取的养老金就会相应减少。这就意味着，只要人们在工作生涯中稳定地缴纳了保险费，就可以在退休后得到一份稳定的收入。如果参保者愿意，他也可以选择延迟到更高的年龄再领取养老金。这样做的好处是，每延迟一年领取，养老金的金额就会增加一定的比例。如果参保者在一定年龄前就已经无法继续工作，也可以申请预提领取养老金，但是，预提领取会导致养老金的金额相应减少。如果参保者在领取养老金前去世，他的配偶和子女可以领取遗属年金，以此缓解他们的生活压力。遗属年金的金额是根据参保者的缴费状况和遗属的数量来确定的。

随着日本社会的人口老龄化，基础养老保险的压力也在不断增大。越来越多的老年人需要领取养老金，而缴纳保险费的劳动力却在减少。这就导致了基础养老保险的收支不平衡，给制度的可持续性带来了挑战。为了解决这个问题，日本政府已经进行了一系列的改革，如提高保险费、延迟领取养老金的年龄等。日本的基础养老保险是一个包容性极强的制度，目前这个制度也面临着人口老龄化带来的严重挑战。因此，如何保障这个制度的可持续性，使其能够适应社会的变化，将是日本未来的一大课题。

厚生年金，也称"第二层养老保险"，主要适用于日本的公司雇员。厚生年金的参保者主要是公司雇员。这包括全职员工、兼职员工，以及某些特定的自由职业者。对于这些人来说，他们的保险费是由他们的工资决定的。具体来说，保险费是工资的一定比例，这个比例每年都会有所调整。保险费的一部分直接从雇员的工资中扣除，另一部分由雇主支付。厚生年金的退休金是根据参保者的平均工资和缴费年限来计算的。这就意味着，工资越高，缴费年限越长，领取的养老金就越多。在满足最低缴费年限（通常是25年）后，参保者就可以在达到一定年龄（通常是60岁）时领取养老金。如果参保者愿意，他也可以选择到65岁或者更高的年龄再领取。如果参保者选择延迟领取养老金,每延迟一年,养老金的金额就会增加一定的比例。如果参保者在一定龄年前就已经无法继续工作,也可以选择预提领取养老金。但是,预提领取会导致养老金的金额相应减少。除了退休金,厚生年金还提供遗属年金和残疾年金。如果参保者在领取厚生年金的养老金前去世,其配偶和子女可以领取遗属年金。如果参保者因病或者事故失去工作能力,也可以申请领取残疾年金。

尽管厚生年金为公司雇员提供了与其工资收入相符的退休金,但是这个制度也面临着与基础养老保险制度一样的挑战。此外,由于厚生年金的养老金是基于工资收入来计算的,那些低收入或者没有稳定工作的人可能无法得到足够的养老金,这也是一个需要解决的问题。因此,如何改革厚生年金,使其更加公平且可持续,将是日本未来的一大课题。

为了解决这些挑战,日本政府已经开始进行一系列的改革。例如,他们正在考虑提高保险费的比例。同时,他们也正在推动延迟领取政策。为了保障低收入人群的利益,日本政府也正在考虑提高基础养老保险的待遇,或者引入一种基于收入的滑动比例来计算养老金的方式。

除此之外,日本政府也正在试图通过提高劳动力参与率,尤其是女性和老年人的劳动力参与率,来增加缴纳保险费的人数。他们还鼓励更多的人参加自愿的第三层养老保险,以提供更多的个人储蓄和投资选择,增强人们的养老保障。

厚生年金是日本社会保障系统的重要组成部分,它对保障公司雇员的退休生活起着关键的作用。同时,随着社会的变化和挑战的出现,这个制度也需要不断地进行改革和调整,以适应新的需求。只有这样,厚生年金才能继续发挥其在保障人们老年生活中的重要作用。

二、长期护理保险制度

日本的长期护理保险制度是一种为老年人提供长期护理服务的社会保险制度。该制度于2000年在日本全国范围内实施,旨在应对人口老龄化问题,满足老年人对长期护理服务的需求。

(一)长期护理保险制度的特点

日本的长期护理保险制度是一种强制性的社会保险制度。所有40岁以上的日本公民以及在日本工作的外国公民都需要参加长期护理保险。其中,40—64岁的人只需要为自己的长期护理风险付费,而65岁及以上的人则需要为自己可能需要的长期护理服务付费。

保险费的金额是由当地政府根据每个人的收入水平来决定的。一部分保险费由政府负责支付,另一部分则由个人支付。收到保险费的保险机构以及提供护理服务的机构通常是由地方自治体或者私人企业运营的。

(二)长期护理保险制度所提供的服务

日本的长期护理保险制度提供了一系列的护理服务,包括在家护理服务、社区护理服务、住宿护理服务等。在家护理服务包括家庭帮助服务、护理照料服务、家庭访问护理服务等。社区护理服务包括社区护理站服务、日间护理服务、短期入住护理服务等。住宿护理服务主要是为那些不能在家接受护理的老年人提供的。

需要接受这些服务的人需要经过一个评估程序,来确定他们的护理需求等级。根据这个等级,他们可以选择适合自己的护理服务,并由长期护理保险制度支付一部分费用,剩余的费用需要由个人或者其家庭支付。

(三)长期护理保险面临的挑战

日本的长期护理保险制度虽然在某种程度上解决了老年人长期护理的问题,但是也面临着一些挑战。首先,随着日本社会的人口老龄化,需要长期护理服务的人越来越多,这就对该制度的财务可持续性造成了压力。其次,如何保证护理服务的质量,以及如何满足老年人多样化的护理需求,也是该制度所面临的问题。最后,护理服务的供应主要依赖于地方自治体和私人企业,因此如何保证服务的公平性和可及性,也是一个挑战。

为了解决这些挑战,日本政府正在进行一系列的改革。例如,他们正在尝试通过提高保险费、调整服务内容和质量、改进服务供应方式等措施,来改善长期护理保险制度。尽管如此,如何确保长期护理保险制度能够适应人口老龄化的挑战,仍然是日本政府未来需要面对的问题。

三、日本的老年公租房和低收费养老院：实现老有所居的探索

全球人口老龄化的趋势使得各国政府必须对其社会保障和福利系统进行彻底的审视和改革。在这个背景下，日本的养老政策尤其引人关注。作为全球人口老龄化最严重的国家之一，日本在养老服务和政策制定方面的经验和教训具有重要的启示意义。日本政府明确了"老有所养，老有所居"的目标，并通过实施一系列政策来实现这一目标。其中，老年公租房政策和建设低收费养老院是2个主要的策略。这项政策的主要目标是为老年人提供安全、舒适且负担得起的居住环境。

日本的老年公租房政策由政府主导，以公共租赁住房的形式为老年人提供住所。这些住房是由政府征用房地产企业建设的，专门用于老年人居住。为了让经济状况较差的老年人负担得起住房租金，日本政府对这些公租房提供了租金优惠。这些优惠可能以直接减少租金或提供租金补贴的形式出现，其中租金补贴通常根据个人的收入、财产和家庭状况来确定。

老年公租房的分配通常由地方政府负责，根据申请人的年龄、健康状况和经济状况来决定。有些地方可能会优先考虑那些生活无依、无子女或子女无法照顾的老年人。另外，考虑到老年人的身体状况和生活需求，这些公租房通常都有特殊的设计，比如无障碍设施、紧急呼叫系统等，以确保老年人的生活安全和便利。

在这个政策下，公租房不仅仅是提供一个住所，更是为老年人提供一个社区。这些公租房通常会配备公共设施，如活动中心、图书馆、健身房等，以鼓励老年人进行社交活动，减少他们的孤独感。日本的老年公租房政策是其养老政策的重要组成部分，体现了政府对老年人的尊重和关怀。这项政策的实施，不仅改善了老年人的生活质量，也为其他面临老龄化问题的国家和地区提供了有价值的参考。

为了满足不同收入阶层老年人的需要，日本政府还在养老院建设上制定了一系列政策，其中包括建设低收费养老院。日本政府推动的低收费养老院政策，旨在为经济条件相对较差的老年人提供负担得起的、有品质的养老院服务。养老院的费用会根据老年人的经济能力和健康状况进行调整。日本政府为符

合条件的老年人提供住宿费用补贴，以降低他们的养老院费用。计算补贴额度时通常会考虑到老年人的收入、财产、健康状况以及是否有家庭成员可以提供照顾等因素。日本的低收费养老院也提供一系列的服务和设施，包括医疗护理、餐饮服务、日常生活照顾等。这些养老院通常配有专业的医疗和护理人员，以满足老年人的健康和生活需求。为了提高老年人的生活质量，低收费养老院还会提供各种社交活动，如健身课程、艺术工作坊、社区旅行等。

低收费养老院的建设和管理通常由地方政府或非营利组织负责。地方政府会提供必要的建设和运营资金，而非营利组织则会负责日常运营和管理。日本的低收费养老院政策是其养老服务体系的重要部分，给其他面临老龄化问题的国家和地区提供了一个值得参考的模式。

第二节　日本养老体系的改革

在经济快速发展的阶段，日本的社会保障政策主要侧重于社会稳定和经济增长，政府在社会保障领域的角色相对较小。随着收入水平的提高，日本民众对提高福利水平的需求逐渐增强，这种需求基于他们对经济持续增长的乐观预期。不过，20世纪70年代的2次石油危机引发的通货膨胀，以及日元升值，使得日本的经济高速增长走向了终点。因此，到了20世纪80年代初，这一政策经历了剧烈的转向。

国民养老金的支付金额是根据指数化的标准设定的，该标准不仅与每年的消费者物价指数有关，而且大约每5年会根据居民的实际生活水平进行调整。例如，在某一年，物价仅增长了一半，但国民养老金的支付金额可能增加了一倍，这意味着国民养老金的总支付额正在快速增长。

从20世纪90年代末开始，日本开始经历物价下降，形成了通货紧缩的状况。根据国民养老金制度的规定，当物价下降时，支付水平应相应降低，但是当时由于政治压力，日本政府在支付水平与物价水平的关联被切断后，很难重新建立这种关联，这就导致了实际的国民养老金支付金额持续增加。

这种情况的发展给日本的社会保障系统带来了巨大的压力。首先，随着支付金额的快速增长，养老金系统的负担加重，这可能会导致财政困境。其次，这种支付金额的增加可能会导致代际不公,因为年轻的缴费者可能会觉得自己的缴费负担重而收益轻。最后,如果国民养老金的支付水平持续增加,可能会导致人们对政府的信任度下降,因为这可能被视为政府未能有效管理社会保障系统。为了解决这个问题,日本政府可能需要采取一系列的改革措施,如重新建立支付水平和物价水平的关联,以及通过调整养老金的支付公式来控制养老金的支付金额。此外,政府还需要通过增强公众对养老金制度的理解,以获得公众对改革的支持。

代际补贴的存在使得越来越多的年轻人拒绝参与养老保险,这种现象给日本的社会保障系统带来了沉重的负担。代际补贴,简单来说,就是年轻一代通过参与养老保险,为年长的一代提供财务补助。这种现象在很大程度上是由于养老福利水平过高所导致的。在日本进入老龄化社会后,政府试图通过削减福利和增加保险费来解决这一问题。但是,这种策略却引发了另一种问题:年轻人不愿意参与养老保险。这是因为,他们必须为年长一代的养老金支付高额的保险费用,而自己将来能从中获得的养老金远远低于所付出的保险费。在这种情况下,年轻人参与养老保险的动机就会大大降低。

有些学者已经研究了日本国民养老金未来养老福利的现值与保险费付款量的现值之间的比例。这个比例能够反映一个人参与养老保险的收益或损失程度。研究结果显示,由于福利减少和保险费的增加,1980年之后出生的年轻一代的这个比例将小于1,而年长一代的这个比例远远超过1,代际差距很大。这种情况下,年轻人参与养老保险的意愿就会大大降低,甚至会出现逃费的情况。这就使得养老金的财务困难进一步加大,形成了一种恶性循环:福利水平过高→财务困难→削减福利→提高保险费→逃费增加→进一步削减福利→进一步提高保险费→逃费进一步增加。为了打破这种恶性循环,日本政府可能需要采取一系列的措施。比如,重新设计养老保险系统,使之更公平、更具有吸引力,提高年轻人的养老保险意识,强调养老保险的重要性。只有这样,才能够确保养老保险系统的可持续性,保障所有人的养老权益。

日本政府在2000年通过的养老金制度改革法案,对公共养老保险制度进行了一系列重大的改革。以下是这次改革的具体内容。

一、降低厚生年金的支付系数

养老金制度是社会福利体系的重要组成部分，它关乎每一个人的未来生活。随着人口老龄化的加剧，养老金制度面临着巨大的压力。各国政府都在努力寻找有效的解决方案，以确保养老金制度的可持续性。在此背景下，日本政府降低厚生年金的支付系数成了一种策略，例如，2000 年的支付系数降低到了0.7125%。这种改革无疑降低了参与者的年金收入，但同时也缓解了政府的养老金负担。

随着人口老龄化的加剧，养老金的支付人数在增加，而缴纳养老金的劳动年龄人口却在减少。这导致养老金制度的收支平衡出现了问题。为了缓解这种压力，降低厚生年金的支付系数成了一种必要的措施。这种改革的直接结果是参与者的年金收入降低。这对于依赖年金生活的老年人来说，无疑增加了他们的生活压力。从长远来看，这种改革是保持养老金制度可持续性的重要步骤。

降低厚生年金支付系数只是解决养老金问题的一个方面，还有许多其他的挑战需要应对。首先，如何保障老年人的生活质量，避免他们因为年金收入降低而陷入贫困，这是一个重要的问题。对此，政府需要通过提供其他的社会福利，如医疗保险、住房补贴等，来保障老年人的基本生活。其次，如何鼓励更多的年轻人参与养老金制度，也是一个挑战。许多年轻人可能会因为看到年金收入的降低，而对养老金制度产生怀疑。政府需要通过宣传教育，让年轻人了解到养老金制度的重要性，鼓励他们积极参与。最后，如何提高养老金制度的投资收益，也是一个问题。通过投资，可以增加养老金的收入，从而减轻政府的压力，但是投资也有风险，如何管理这种风险，保证养老金的安全，是一个需要考虑的问题。

降低厚生年金支付系数是一种应对养老金压力的策略，它可以缓解政府的负担，保证养老金制度的可持续性，但是这种改革需要考虑如何保障老年人的生活。

二、扩大养老金的缴费基数

扩大养老金的缴费基数，并将养老金的缴纳方式从按月工资收取改为按年收入收取。扩大养老金的缴费基数主要是为了增加养老金的收入,从而缓解养老金制度的压力。这种改革的直接结果是个人的缴费负担增加了。这对于劳动年龄人口来说,无疑增加了他们的经济压力。从长远来看,这种改革也是保持养老金制度可持续性的重要步骤。通过扩大缴费基数,可以增加养老金的收入,从而保证养老金制度的长期稳定。扩大养老金缴费基数只是解决养老金问题的一个方面,还有许多其他的挑战需要应对。首先,如何平衡个人的缴费负担和养老金的收入,是一个重要的问题。对此,政府需要通过调整税收政策,如提高个人所得税的起征点,减轻个人的缴费负担,政府也可以通过提供税收优惠,鼓励个人和企业更多地参与到养老金制度中来。其次,政府需要引导和监管养老金的投资,以提高养老金制度的投资收益。通过引入专业的投资管理机构,采取审慎的投资策略,可以在保证养老金安全的同时,提高其收益。最后,政府还需要持续改进养老金制度,以适应社会经济的发展。例如,可以考虑引入多元化的养老金模式,如个人储蓄型养老金、企业年金等,以满足不同人群的需求。

扩大养老金缴费基数这种改革会带来一些挑战,但只要政府采取有效的应对策略,就可以确保养老金制度的稳定和持续。全社会要共同努力,才能为我们的老年人提供一个稳定和可持续的养老保障。

三、扩大养老金的缴费范围

设立青年学生保险费补交制度,将学生群体也纳入养老金的缴费范围。在此之前,青年学生通常不需要缴纳养老金,直到他们开始工作。新的改革允许他们在学生时期就开始缴纳养老金,这不仅意味着他们可以早日享受到养老金的保障,同时也意味着养老金制度有了更多的收入来源。这种改革的实施需要解决一些重要问题。首先,要确保青年学生理解和接受这一制度。对于许多青年学生来说,他们可能还没有充分认识到养老金的重要性,政府需要通过教育和宣传,让他们了解到这一制度的好处。其次,要设定合适的缴费标准。青年学生通常没有固定的收入来源,政府需要设定一个合理的缴费标准,既要考虑到学生的实际经济状况,又要保证养老金的收入。最后,要妥善管理和使用这些新增的养老金。政府要确保这些资金的安全,还要通过有效而又有保障的投资,提高养老金的收益。

扩大养老金的缴费范围,特别是引入青年学生保险费补交制度,是应对养老金压力的一个重要策略。这种改革增加了养老金的收入来源,对于养老金制度的可持续性有着积极的影响。青年学生保险费补交制度的引入是一个大胆而有前瞻性的改革。它不仅解决了当前的问题,还为未来的挑战作了准备。

四、冻结基础养老保险和厚生年金随社会平均工资上浮的指数

自2000年4月开始,日本基础养老保险和厚生年金的上浮指数与社会平均工资脱钩,转而只与现有的物价指数挂钩。这是一个重要的政策变动,其目的是更好地控制养老金的支付水平,以应对人口老龄化带来的压力。这个改革背后的逻辑和影响值得我们深入分析和探讨。

在此之前,基础养老保险和厚生年金的上浮指数与社会平均工资挂钩,这意味着养老金的水平会随着工资的增长而增长,但是这种模式在人口老龄化压力下很显然缺乏可持续性。随着老年人口的增加,养老金的支付压力也在不断增大,而工资的增长速度可能会超过经济的增长速度,这意味着如果继续让养老金与工资挂钩,养老金的支付压力将会持续增加。因此,政府决定将养老金的上浮指数与社会平均工资脱钩,改为与物价指数挂钩。这将有助于控制养老金的支付水平,使其更加符合实际的经济情况。

此项改革的直接影响是,养老金的增长速度可能会降低,因为通常情况下,物价的增长速度会低于工资的增长速度。此项改革也可能会影响到养老金的购买力。因为如果物价的增长速度超过了养老金的增长速度,那么养老金的购买力将会下降。这就需要政府通过其他方式来保护老年人的生活质量,比如提供更多的社会服务,或者提高其他类型的社会保障。总的来看,此项改革是利大于弊的。

此项改革有其积极的一面,但同时也应该看到,此项改革可能会导致养老金的增长速度降低,这可能会引起一些人的不满。政府需要通过教育和宣传,让人们理解此项改革的必要性和好处。

日本的这项改革提醒我们,养老金制度的设计和调整需要考虑到实际的经济情况和人口结构的变化。只有这样,我们才能构建出一个既能保障老年人生

活,又能保持可持续性的养老金制度。

五、延迟领取养老金

2013—2015 年,日本政府采取了一项重大政策,那就是逐步将厚生年金的领取资格由 60 岁延迟到 65 岁,每 3 年推迟 1 岁。这个政策旨在应对日本社会人口老龄化的问题,通过延迟领取养老金,减轻养老金制度的压力。这个政策对日本社会的影响值得我们深入探讨。

日本社会人口老龄化的问题十分严重。随着生育率的降低和人均寿命的提高,日本老年人口占社会总人口的比例不断增加,这带来了巨大的社会压力,尤其是在养老金制度上。在老龄化问题日益严重的背景下,日本政府决定延迟厚生年金的领取年龄。延迟领取养老金,可以鼓励更多的老年人继续工作,减少对养老金制度的依赖,同时,也可以延缓养老金的支付,减轻养老金制度的压力。

这项政策也带来了一些挑战。延迟领取养老金,可能会给一些依赖养老金生活的老年人带来困扰。政府需要找到一种平衡,既要减轻养老金制度的压力,又要保证老年人的生活质量。例如,可以通过提供就业指导和再培训,帮助老年人找到适合他们的工作,或者通过提供一定的社会保障,保证他们的基本生活。这项政策带来了一些挑战,但是,如果日本政府能够妥善处理这些问题,那么它有可能帮助日本社会更好地应对人口老龄化的问题,减轻养老金制度的压力。

这次改革的主要目标是使养老金制度更加可持续,以应对日本的人口老龄化问题。通过调整支付系数、扩大缴费基数和范围、冻结上浮指数以及延迟领取养老金,日本政府试图减轻养老金制度的负担,保障养老金制度长期运行。这次改革在一定程度上缓解了养老金制度的压力,但也引起了一些社会问题,如年轻人的抵触情绪和因退休年龄延迟带来的就业压力等。

显然,日本公共养老金制度的改革主要集中在如何实现保险金收入和支出的长期平衡,目的是适当控制养老金的发放金额。

第五章
未来向度：应对挑战与技术的应用

第一节　高龄者福祉的未来向度：智能技术的应用

全球人口老龄化的进程日益加快，如何有效地满足高龄者的生活需求和保障其生活质量成为各国制定社会政策时的重要考虑内容。尤其是对日本，这个全球老龄化最严重的国家来说，针对高龄者福祉的政策设计和服务提供已经变得尤为关键。在此背景下，智能技术以其独特的优势，正逐渐在关系高龄者福祉的各个领域中发挥重要作用。本章将探讨智能技术在高龄者福祉中的应用，并展望这一领域的未来趋势。我们将深入探讨如何利用最新的科技，包括人工智能、机器学习、物联网等技术，来改善高龄者的生活质量，提高他们的生活自主性，以及减轻社会的护理负担。

在这个过程中，我们将关注各种智能技术在实际应用中的优劣势，以及可能面临的社会、伦理和法律挑战。我们也将探讨如何在尊重高龄者的个人权利和尊严的同时，充分利用这些技术带来的便利和效益。下面是智能技术在关系高龄者福祉的关键领域的应用。

一、健康监护和医疗护理

在高龄者的健康监护领域，智能设备和可穿戴技术正在发挥着越来越重要的作用。它们可以实时追踪和记录高龄者的多项生理指标，包括心率、血压、血糖、体温、活动水平等，并将这些数据发送到医疗服务提供者或者家庭护理人员的设备上，使得他们可以更好地掌握高龄者的健康状况，及时发现和处理潜在的健康问题。例如，智能手环和智能手表等可穿戴设备可以监测用户的心率和活动量,通过分析这些数据,可以帮助用户和医疗服务提供者了解用户的心血管健康状况和运动习惯。一些高级的可穿戴设备还可以监测用户的血氧饱和度、睡眠质量、压力水平等,为用户的健康管理提供更全面的信息。还有一些专门为高龄者设计的智能设备,如智能血压计、智能血糖仪、智能体温计等,它们可以更方便、准确地测量高龄者的生理指标,并且可以将测量结果自动记录和上传,免去了手动记录和汇报的麻烦。这些设备不仅可以帮助高龄者和他们的家庭成员更好地理解和管理健康,还可以使医疗服务提供者更有效地对高龄者进行健康管理和疾病预防,减少不必要的医疗费用。

智能医疗设备也在远程医疗服务中发挥了重要作用。随着5G网络的普及和云计算技术的发展,远程医疗服务已经变得越来越可行和方便。医生可以通过智能医疗设备远程监控患者的健康状况,进行远程诊断和治疗,这对生活在偏远地区或行动不便的高龄者来说,是一种极为重要的医疗服务方式。高龄者可以使用智能手表、智能手环或者专门的远程监控设备,将他们的生理数据实时发送至医疗服务提供者,后者可以在任何时间、任何地点查看这些数据,并根据需要进行远程干预。

此外,智能医疗设备还可以用于远程医疗咨询和教育。医疗服务提供者可以通过视频通话向高龄者解释他们的健康状况,为他们提供健康建议,或者教他们如何使用医疗设备和药物。这不仅可以提高高龄者的健康素养,也可以减少他们因为误解医嘱或者错误使用医疗资源而导致的健康风险。

智能设备和可穿戴技术在高龄者的健康监护和医疗护理中有着广泛的应用,但也面临着一些挑战。首先,高龄者的技术接受度是一个重要的问题。许多高龄者可能因为不熟悉技术,对使用智能设备和可穿戴技术感到困难或者不安。因此,如何设计易于使用、符合高龄者需求的智能设备和可穿戴技术,是一个需要解决的关键问题。其次,数据安全和隐私保护也是一个重要的问题。智能设备和可穿戴技术收集的数据通常包括高龄者的健康信息、生活习惯、位置信息等敏感数据,如果这些数据被不当使用或者泄露,可能会对高龄者造成严重的伤害。因此,确保数据的安全是使用这些技术的一个重要前提。智能设备和可穿戴技术在高龄者健康监护和医疗护理中的应用,无疑为我们提供了一种改善高龄者福祉的新方式。随着技术的不断进步,我们有理由相信,未来将会有更多的智能设备和可穿戴技术来帮助我们更好地关爱和照顾高龄者。

二、助老生活辅助

智能家居技术可以帮助高龄者更好地管理他们的日常生活。

(一)智能扬声器和语音助手

智能扬声器和语音助手能够极大地提升高龄者的生活质量和便利性。①家庭自动化控制:通过语音命令,高龄者可以控制各种智能家居设备,如灯光、门锁、安全摄像头、恒温器、电视、音响等。这些设备可以按照他们的喜好和需求进行个性化设置,使他们的生活更加舒适和便捷。②健康管理:智能扬声器和语音助手可以帮助高龄者记录并追踪他们的健康数据,如血压、心率、血糖等。此外,他们还可以设置运动和吃药提醒,帮助他们维持健康的生活习惯。③社交和娱乐:通过语音指令,高龄者可以方便地与朋友和家人进行通话或视频聊天,增加他们的社交活动。此外,他们还可以使用语音助手播放他们喜欢的音乐、电台节目、电影和电视剧,享受丰富的娱乐选择。④信息查询和学习:高龄者可以使用语音助手查询各种信息,如天气预报、新闻、菜谱等,满足他们的各种需求。此外,他们还可以通过语音助手学习新的知识和技能,例如外语学习、烹饪教程等。⑤紧急呼叫和安全监控:在遇到紧急情况时,高龄者可以使用语音助手进行呼叫求救。一些语音助手还可以连接到家庭安全系统,实时监控家庭的安全状况。智能扬声器和语音助手为高龄者提供了一种方便、安全和丰富的生活方式,对于提高他们的生活质量和自理能力具有重要的意义。

(二)智能冰箱和厨房设备

智能冰箱和厨房设备可以极大地改善高龄者的饮食情况,使他们能够更加方便、健康和安全地烹饪和进食。智能冰箱不仅可以追踪食品的存储情况,还可以通过内置的摄像头让用户远程查看冰箱内部,方便他们在购物时查看所需的食品。此外,一些高级的智能冰箱还可以连接到互联网,显示食谱,提供购物清单,甚至可以直接在线购买食品。智能厨房设备包括智能烤箱、电饭煲、咖啡机等一键烹饪设备和智能烹饪机器人。一些智能厨房设备还可以通过感应用户的动作,自动打开或关闭,防止高龄者忘记关火或者关电。一些智能厨房设备会配备食品管理系统,可以追踪食品的保质期,提醒高龄者食品的新鲜度,防止食物浪费和食品安全问题。一些智能厨房设备会通过语音助手进行控制,或者使用移动应用进行远程控制,方便高龄者操作。

(三)智能床铺和椅子

智能床铺和椅子的设计和功能可以根据高龄者的需求进行个性化调整,以为他们提供舒适和健康的生活体验。以下是一些可能的设备和解决方案。除了可以自动调整床垫的硬度和形状,一些智能床铺还可以调整床架的角度,以满足高龄者阅读、观看电视或者升降的需求。一些高级的智能床铺还配有自动翻身功能,防止长期卧床的高龄者出现褥疮。此外,智能床铺配合智能健康监测系统,可以在睡眠期间监测高龄者的呼吸、心率、血压等生理指标,及时发现并预警可能的健康问题。智能椅子可以提供按摩、加热、升降等功能,以满足高龄者的舒适和健康需求。一些高级的智能椅子还可以调整椅背和坐垫的角度和硬度,以适应高龄者的体型和姿势,或者通过内置的传感器监测用户的体温、心率、血压等生理指标,为健康管理和疾病预防提供数据支持。一些智能床铺和椅子可以通过无线网络与其他智能设备(如智能手环、智能体重秤、智能血压计等)进行联动,共享和分析用户的健康数据,为用户提供全面的健康管理服务。例如,当用户的生理指标异常时,智能床铺和椅子可以自动调整状态,或者向用户或者预设的联系人发送报警信息。

(四)智能照明和环境控制系统

智能照明系统可以根据高龄者的生活习惯和需要,自动调节灯光的亮度和色温,例如,晚上可以自动调暗灯光,减少对眼睛的刺激,早上则可以自动调亮灯光,帮助高龄者从睡眠状态中醒来。智能环境控制系统则可以自动调节室内的温度和湿度,提供最舒适的居住环境。

虽然智能家居技术给高龄者的生活带来了很多便利,但也存在一些挑战,其中,最大的挑战是智能设备的使用难度。对于一些不熟悉新技术的高龄者来说,如何操作和管理这些智能设备可能会成为一个大问题。此外,智能设备的安全性和隐私保护也是一个重要的问题。这些设备通常需要连接到互联网,这就有可能暴露用户的个人信息和生活习惯。因此,如何保证智能设备的安全性和用户的隐私权,是智能家居技术在未来发展中需要面对的重要问题。随着科技的发展,智能家居设备的使用难度正在逐渐降低,而且更多的设备开始考虑到用户的使用习惯和生理特性,提供更加人性化的设计和服务,进一步提高高龄者的生活质量。

三、社交和娱乐

智能技术也可以帮助高龄者更好地与社会连接,减轻他们的孤独感。在线社交平台可以让高龄者与家人、朋友以及同龄人保持联系,分享生活中的点滴。部分应用可以提供语音和视频聊天功能,让高龄者能够更生动、直观地与他人交流。人工智能助手可以通过语音交互,满足高龄者在生活中的各种需求,如查询信息、设置闹钟、播放音乐等。部分智能助手还支持情感交流功能,能够陪伴高龄者聊天,减轻他们的孤独感。

(一)智能手机和平板电脑

智能手机和平板电脑已经成为高龄者社交和娱乐的重要工具。通过这些设备,他们可以轻松地与家人和朋友进行文字、语音和视频交流,分享生活照片和视频,参与社交媒体互动,阅读新闻和电子书籍,观看电影和电视节目,玩游戏,甚至进行在线购物。

(二)智能电视

智能电视可以连接到互联网,提供比传统电视更丰富的娱乐内容和服务。高龄者可以根据自己的兴趣和需求,选择观看各种电视节目、电影、体育赛事、音乐会、讲座等。此外,智能电视还可以推荐符合用户兴趣的节目,提供个性化的观看体验。

除了观看内容外,高龄者还可以通过智能电视进行视频通话,玩游戏,甚至获得健康管理和生活服务。例如,一些智能电视提供了专门设计的健身和康复训练视频,高龄者可以在家中进行安全有效的健康锻炼。

(三)虚拟现实技术

虚拟现实(Virtual Reality,VR)技术可以为高龄者提供沉浸式的娱乐体验。通过戴上VR头盔,他们可以在家中体验到外面的世界,如参观远方的名胜古迹,游走在美丽的自然风光中,甚至体验驾驶或跳伞等冒险活动。这也可以帮助他们开阔视野,增强生活乐趣。此外,VR技术还可以用于高龄者的康复训练和认知能力训练。例如,一些VR应用提供了专门的康复训练游戏,可以帮助高龄者改善平衡能力，增强肌肉力量，提高认知能力。

虽然智能技术给高龄者社交和娱乐带来了很多好处，但也存在一些挑战。一是技术使用难度。尽管许多智能设备和应用正在努力提高用户友好性，但对于一些高龄者来说，学习使用新的技术设备和应用仍然是一项挑战。他们可能会觉得操作复杂，理解难度大，容易感到困惑，有挫败感。此外，视力、听力和手部灵活性的下降也会影响他们使用技术设备的能力。因此，提供针对高龄者的技术教育和培训，设计更易于使用和理解的设备和应用，以及提供必要的技术支持，是解决这个问题的重要途径。二是隐私和安全问题。智能设备和应用的广泛使用，可能会暴露高龄者的个人信息。例如，他们可能会在不知情的情况下，通过社交媒体和其他在线服务分享过多的个人信息。此外，他们可能会成为网络诈骗的目标，如钓鱼邮件、假冒网站等。因此，教育高龄者理解和识别网络安全风险，使用安全的在线行为，是非常重要的。同时，技术公司也需要采取更强的安全措施，来保护用户的个人信息。三是数字鸿沟。虽然智能技术的普及率在不断提高，但仍然存在数字鸿沟的问题，即一些高龄者由于经济、教育、地理等原因，无法获取和使用智能技术。这可能会导致他们在社交和娱乐方面的机会减少，孤独感增加。因此，政府和社会需要采取措施，如提供财政支持，推广数字教育，提供公共互联网服务等，以缩小数字鸿沟。

四、安全和紧急响应

随着年龄的增长，高龄者可能会面临各种安全风险，包括跌倒、疾病突发、家庭火灾等。此外，他们在发生紧急情况时，可能无法及时获取帮助。智能技术，如智能摄像头、智能警报器、智能手环或项链等，可以提高高龄者的安全水平，提供及时有效的紧急响应，从而保护他们的健康和生命安全。

（一）智能摄像头

智能摄像头可以24小时监控高龄者的家庭环境，实时传输影像信息到用户的智能手机或其他设备上。在检测到异常情况，如高龄者跌倒、昏倒，或有未授权的人员进入房屋时，智能摄像头可以自动发送警报到用户和紧急联系人的设备上，以便他们可以立即采取行动。

此外，一些高级的智能摄像头还配备了人工智能技术，可以识别高龄者的行为和活动模式。例如，如果摄像头检测到高龄者长时间没有活动，或者他们的活动模式出现异常变化，就可以发送警报，以便他们的家人或医疗服务提供者可以检查他们的状况。

（二）智能警报器

智能警报器在增强高龄者的家庭安全方面发挥了重要作用。智能警报器不仅可以检测火灾或煤气泄漏，还可以监测家庭环境中的一些其他重要因素，比如室内温度、湿度、空气质量等，如果这些参数超过或低于设定的安全范围，警报器就会发出警报。一些智能警报器还可以监测高龄者的健康状况，例如他们的心率、血压、行动范围等，如果检测到任何异常，警报器都将立即通知他们和他们的家人或医疗服务提供者。在检测到任何危险情况时，智能警报器会立即通过无线网络发送警报信息到高龄者的手机、电脑或其他连接的设备上，以确保他们及时得知危险情况并采取相应的措施。通过连接到智能家居系统，智能警报器可以在危险发生时自动执行一些操作，比如切断电源和煤气供应，打开门窗以提供逃生通道，或者自动向消防部门或其他紧急服务机构发送求救信号。智能警报器可以记录和分析各种环境和健康数据，帮助高龄者和他们的家人或医疗服务提供者更好地了解和管理高龄者的生活环境和健康状况。智能警报器为高龄者提供了一种方便、安全和高效的生活方式，对于保护他们的生命安全和提高他们的生活质量具有重要的意义。

（三）智能健康监测设备

智能健康监测设备如心率监测器、血压计、血糖仪、睡眠监测器等可以实时收集个人的健康数据，并将这些数据发送到云端。通过对这些数据的分析，医生可以远程了解患者的健康状况，提供及时和有效的医疗建议，或者预测个人的健康风险，提前进行干预。此外，人工智能也正在被广泛应用到医疗诊断中。例如，通过对大量医疗影像数据的学习，人工智能可以帮助医生进行疾病诊断，提高诊断的准确性和效率。这些技术的应用，不仅可以改善高龄者的生活质量，也可以减轻医疗系统的压力，为未来的医疗模式提供新的可能。

智能手环或项链是一种可穿戴设备，可以实时监测高龄者的生理指标，如心率、血压、体温、睡眠质量等。当这些指标出现异常时，设备可以自动发送警报到高龄者、他们的紧急联系人或医疗服务提供者的设备上，以便他们可以立即采取行动。

此外，一些智能手环或项链还配备了跌倒检测功能，当检测到高龄者跌倒时，它们可以自动发送警报，并启动紧急呼叫功能，以便高龄者可以立即获取帮助。

智能设备的广泛使用，可能会导致高龄者的隐私和个人信息安全受到威胁。例如，未经授权的人员可能会通过网络入侵智能设备，窥探高龄者的生活习惯和行为模式，甚至窃取他们的个人信息。因此，智能设备和服务提供商需要采取强有力的数据保护措施，以保证用户的隐私和信息安全。智能设备的技术可靠性对于高龄者的安全至关重要。如果设备因为软硬件故障等原因，不能及时准确地发送警报，可能会使高龄者的生命安全处于危险之中。因此，智能设备和服务提供商需要不断优化他们的产品和服务，确保其可靠性和稳定性。高龄者可能会因为对新技术的不熟悉，而感到使用智能设备的难度较大。这可能会影响他们的使用体验，甚至使他们对智能设备产生抵触情绪。因此，智能设备和服务提供商需要设计出简单易用的用户界面，提供详细的使用指南和人性化的客户服务，从而帮助高龄者更好地使用智能设备。随着科技的不断进步，我们可以期待未来的智能设备将更加强大，更加人性化，能够给高龄者提供更好的安全保障和服务。

我们也应该看到，智能技术并不是万能的。它只是提供了一种可能的解决方案，而真正的关键还在于我们的关爱和陪伴。让我们共同努力，用科技和爱，给高龄者提供一个更安全、更舒适的生活环境。

五、认知训练和心理健康

随着年龄的增长，许多高龄者可能会面临认知能力下降和心理健康问题。这些问题不仅影响他们的生活质量，也给他们的家人带来了巨大的压力。人工智能和机器学习技术可以为高龄者提供个性化的认知训练，帮助他们保持大脑活力，预防痴呆症等认知障碍。同时，通过对情绪、行为和社交互动的监控和分析，智能技术还可以帮助检测和管理高龄者的心理健康问题。

（一）认知训练

一些智能训练应用程序可以根据用户的认知能力和喜好，自动调整训练难度和内容,提供各种各样的记忆力、注意力、逻辑思维能力训练。这些应用程序通常采用游戏化的设计,让训练过程充满乐趣,用户参与度较高。同时,它们也可以记录用户的训练数据,分析用户的进步和挑战,提供有针对性的反馈和建议。

此外,一些智能训练应用程序还可以通过VR技术,为用户提供沉浸式的训练体验。例如,用户可以在虚拟环境中进行记忆、导航、手眼协调等训练,这样不仅可以获得更好的训练效果,也可以享受到训练的趣味性。

(二)心理健康

人工智能也可以帮助检测和管理高龄者的心理健康问题。例如,一些智能应用程序和设备可以通过对用户的情绪、行为和社交互动的监控和分析,及时发现他们可能存在的心理健康问题,如抑郁症、焦虑症等。这些应用程序和设备通常使用自然语言处理、面部表情识别、语音分析等技术,来评估用户的情绪状态。它们发现用户的情绪状态存在异常后,可以提醒用户,甚至联系用户的医疗服务提供者。

此外,一些智能应用程序还可以提供心理干预服务。例如,它们可以教用户如何进行自我放松等技术,从而帮助他们管理情绪,缓解压力。它们也可以提供在线聊天机器人服务,为用户提供即时的情绪支持和咨询服务。

人工智能的广泛使用,可能会导致高龄者的个人信息和私人生活受到侵犯。例如,一些智能应用程序和设备需要收集和分析用户的行为数据、生理数据和心理数据,这可能会引起用户的隐私担忧。此外,如果这些数据没有得到妥善保护,可能会被黑客窃取和滥用。因此,我们需要制定和实施严格的隐私和安全政策,确保用户的数据得到有效保护。同时,我们也需要教育用户如何保护自己的隐私,让他们知道自己的数据如何被收集、使用和保护。人工智能技术的可靠性也是一个重要的问题。例如,如果一个智能应用程序误诊了一个用户的心理健康问题,就可能会对用户的健康产生严重影响。此外,如果一个智能训练应用程序的训练效果不佳,可能会让用户失去对该应用程序的信任。因此,我们需要不断改进和测试智能技术,确保它们的可靠性和有效性。同时,我们也需要建立一个反馈机制,让用户可以及时反馈他们的问题和建议,帮助改进产品和服务。许多高龄者可能并不熟悉新的科技产品和服务,因此他们可能会觉得使用这些智能应用程序和设备很困难。因此,考虑到高龄者的特殊需求和限制,我们需要设计和开发易于他们使用的智能产品和服务。同时,我们也需要提供充分的教育和支持,帮助高龄者熟悉和使用这些产品和服务。

以上每种应用都有可能显著改善高龄者的生活质量,并减轻社会护理的负担。同时我们也注意到,智能技术的应用也带来了一些新的问题和挑战,如数据隐私、伦理问题、技术接受度等,这些都需要我们在技术应用过程中仔细考虑和妥善处理。

第二节 智能社区:构建高龄者友好的生活环境

除了在医疗方面的应用,智能技术也正在被用于构建高龄者友好的生活环境,即智能社区。智能社区利用各种科技手段,提供便捷的服务,改善生活环境,提升生活质量。例如,利用物联网技术,智能社区可以实现远程控制家电、自动调节室内环境、智能安全监控等功能。通过手机或其他智能设备,高龄者可以轻松控制家中的各种设备,使生活更加便捷。智能社区还可以提供各种社区服务,如在线购物、预约医疗服务等。这些服务可以减轻高龄者的生活压力,使他们更容易融入社区,增强他们的社会参与感。此外,智能社区还可以通过数据分析,实时监测社区的环境状况,预警可能发生的风险,确保高龄者的安全。通过智能技术的应用,我们可以构建一个更加友好、便捷、安全的生活环境,让高龄者在享受科技便利的同时,也能享受到更高质量的生活。

在日本经济高速发展的20世纪60年代,城市扩张和新市民涌入催生了大量围绕东京市中心的居住用地休眠之城。随着时间的推移,这些休眠之城开始面临社区老化的挑战。这些挑战主要表现为空间隔离、空间固化、社区系统退化、信息隔离、社会认同和精神归属等问题。随着人工智能技术的发展,我们有机会以全新的方式来应对这些新出现的问题。

一、人工智能的角色

人工智能在社区养老和居家养老中可以发挥重要的作用,以下是一些具体的应用示例。

(一)需求预测和资源配置

人工智能可以通过分析社区的人口分布、年龄结构、健康状况等数据,预测未来的养老服务需求,帮助政府和社区提前做好养老资源的配置和规划。例如,人工智能可以预测哪些社区未来需要更多的医疗服务、康复服务或者日间照料中心服务,帮助我们更有效地使用养老资源。

(二)社区环境优化

人工智能可以通过分析公共设施的使用情况、交通流量、环境质量等数据,了解社区环境的实际状况,并提供优化建议。例如,人工智能可以分析哪些公园、图书馆或者其他公共设施被老年人更频繁地使用,从而帮助我们改善这些设施,使其更加符合老年人的需求。

(三)个性化服务

人工智能可以通过分析老年人的生活习惯、健康状况、兴趣爱好等个人数据,提供个性化的服务。例如,人工智能可以根据老年人的饮食习惯、健康状况,为他们提供个性化的饮食推荐,或者根据他们的兴趣爱好,为他们推荐合适的社区活动。

(四)健康监测和预警

人工智能可以通过持续监测老年人的健康状况,提早发现可能的健康问题。例如,人工智能可以分析老年人的生理数据(如心率、血压等)、生活习惯等,预测他们可能存在的健康风险,及时提供预警。

(五)智能家居和机器人

人工智能也可以提供直接的支持。例如,智能家居可以自动调整家庭环境(如温度、湿度、照明等),适应老年人的需求;护理机器人可以提供日常生活照料(如做饭、打扫、陪伴等),减轻家人的照料压力。

通过上述方式,人工智能不仅可以帮助我们更好地理解和满足老年人的需求,还可以提升社区养老和居家养老的效率和质量,从而帮助我们更好地应对未来的老龄化挑战。

二、空间隔离和空间固化

空间隔离和空间固化是影响社区养老和居家养老的2个重要因素。不合理的社区规划可能会造成老年人与社区其他部分的空间隔离,而社区环境的长期固化则可能会削弱社区的活力。人工智能可以通过分析社区空间布局和使用情况,提出优化建议,改善这2个问题。

(一)解决空间隔离问题

人工智能可以通过分析社区的空间布局、交通状况、公共设施使用情况等数据,了解空间隔离问题的原因和影响,从而提出优化建议。例如,人工智能可以分析哪些区域的老年人使用公共设施或者使用公共交通的频率较低,进而推测这些区域可能存在交通不便或者设施不足的问题。基于这些分析,我们可以增加公共交通设施,改变街道布局,或者增设老年人需要的公共设施,使社区更加开放和互联,减少空间隔离。

(二)解决空间固化问题

人工智能可以通过分析社区的建筑、公园、街道等空间元素,以及它们的使用情况,了解空间固化的程度和影响。例如,人工智能可以分析哪些建筑或者公园长期未被改造,或者使用频率较低,进而推测这些空间可能存在固化问题。基于这些分析,我们可以提出改进策略,例如增加公共空间的多功能性,更新陈旧的建筑,或者改变公园的布局,使社区环境更加活跃,减少空间固化。

通过上述方法,人工智能可以帮助我们改善社区的空间问题,提升社区的活力,为社区养老和居家养老提供更好的环境。同时,人工智能也可以增强社区的凝聚力,提高老年人的生活质量。

三、社区系统退化

社区系统退化是指社区的治理结构和功能逐渐衰退,可能表现为公共设施老化、社区服务下降、社区活动减少等问题。人工智能可以通过分析社区的管理模式和运行情况,提出改善社区治理的策略。以下是一些具体的应用示例。

(一)优化资源分配

人工智能可以通过分析社区的资源使用情况,如公共设施的使用率、社区服务的使用情况等,帮助社区更有效地分配资源,优化设施的使用。

(二)提升社区服务效率

人工智能可以通过分析社区服务的运行数据,如服务响应时间、服务质量等,帮助提升社区服务的效率。例如,人工智能可以分析社区服务的瓶颈,提出改进策略,如引入自动化技术、改进服务流程等。

(三)改进社区治理模式

人工智能可以通过分析社区的治理数据,如社区决策的效果、社区参与度等,帮助改进社区的治理模式。例如,人工智能可以分析哪些决策效果好,哪些决策效果差,从而提供决策支持,帮助社区更好地进行决策。

(四)预测和应对未来挑战

人工智能可以通过分析社区的历史数据和趋势,预测社区未来可能面临的挑战,如人口老龄化、设施需求变化等,帮助社区提前做好准备。例如,人工智能可以预测未来几年社区的老年人口数量,从而帮助社区提前规划老年服务。

通过上述方式,人工智能可以帮助我们了解和改善社区系统退化的问题,提升社区治理的效率和质量,为社区养老和居家养老提供更好的环境。

四、信息隔离

信息隔离是一个普遍的问题,特别是对于老年人,他们可能因为对技术不熟悉、信息敏感性差等,难以获得所需的信息。人工智能可以通过分析社区的信息交流模式,建立更有效的信息传播平台,提供个性化的信息服务。以下是一些具体的应用示例。

(一)建立智能信息平台

人工智能可以帮助建立一个智能的信息平台,自动收集、整理、发布社区的信息。例如,该平台可以包括社区新闻、活动信息、服务信息等,以帮助社区成员了解社区的最新情况。此外,这个平台还可以提供搜索和分类功能,帮助社区成员快速找到他们需要的信息。

(二)提供个性化的信息服务

人工智能可以根据每个社区成员的兴趣和需求,提供个性化的信息服务。例如,人工智能可以分析社区成员的信息浏览历史,理解他们的兴趣和需求,然后向其推送相关的信息。这样,社区成员可以更方便地获取他们感兴趣的信息,同时也避免了信息过载的问题。

(三)改善信息交流模式

人工智能可以分析社区的信息交流模式,如信息的发布方式、信息的传播效率等,提出优化建议。例如,人工智能可以分析哪些信息发布方式更有效,哪些方式效果不佳,然后提出改进策略,改变信息发布的频率、方式等。

(四)提供信息技能培训

人工智能还可以帮助提供信息技能培训,如如何使用信息平台、如何搜索信息等。这些培训可以提高社区成员特别是老年人的信息获取技能,以便更好地利用信息。

通过上述方式,人工智能可以帮助我们解决信息隔离的问题,提升社区的信息流通效率,使得所有社区成员,特别是老年人,都能够方便地获取和使用信息。

五、社会认同和精神归属

人工智能可以通过分析社区的社区活动和社区文化等,提出增强社区认同感和归属感的策略,例如组织社区活动,或者建立社区文化。

同时,社会网络的丰富性对于增强老年人的心理健康和社会认同感并减轻他们的孤独感有着积极的影响。保持与周围人的良好联系和互动可以帮助老年人更少地感到孤独,而且联系的频率越高,孤独感就越低。有些学者认为,家庭网络是老年人最重要的社交网络类型,其次是朋友网络,因为配偶和子女是老年人主要的倾诉对象,而向朋友、邻居或其他组织倾诉的情况较少。因此,改善家庭支持可能更有助于促进老年人的身心健康。

总而观之,人工智能提供了一个全新的视角和方法来了解和解决"双老"社区(老龄人口比例高的老旧小区)的问题,可以为我们提供更科学、更有效的解决策略。

第三节 政策推动与技术应用:构建包容性社会

在构建一个更加友好、便捷、安全的高龄者社区的过程中,除了技术的应用,政策的推动也起着至关重要的作用。政策既可以为智能技术的应用提供必要的法律支持和经济激励,也可以保护高龄者的权益,防止技术应用带来的潜在风险。例如,政府可以通过立法,规定智能设备的安全标准,要求企业在设计和生产过程中考虑到高龄者的特殊需要,保证智能设备的可用性和安全性。政府还可以提供经济补贴,鼓励企业和研究机构开发适合高龄者的智能产品和服务。此外,政府也可以通过教育和培训,提高高龄者的数字素养,使他们更好地适应科技发展的步伐。例如,可以设置专门的计算机课程,教授高龄者如何使用电子设备和网络服务,如何保护自己的隐私和安全。

一、打造让公众感到安全和安心的社会环境

为了解决民众普遍存在不安全感这个问题,日本政府致力于创建一个被称为"安全社会"的环境。这个社会不仅要公正地回馈每一个国民的劳动成果,还要强化家庭与社区之间的紧密联系,使得工作与生活两者之间能够相互支持和促进。首先,为了公正地回馈国民的劳动,政府需要确保劳动所得能公平分配,无论是蓝领还是白领,无论是全职还是兼职,他们的工作都能得到相应的报酬。这不仅能增强国民的安全感,更能鼓励他们积极投入工作,推动社会经济的发展。其次,家庭与社区的紧密联系是构建安全社会的另一个关键因素。政府应推动社区建设,让人们在社区中能够互帮互助,形成有机的社会网络。同时,政府也需要提供各种支持,如改善教育、医疗等公共服务,提高民众的生活质量,让他们在社区中感到安心。让工作与生活相互支持,意味着在保证生活质量的同时,也要保证工作的质量。政府需要推动工作生活平衡的政策,如合理的工作时间、休假制度等,让人们在努力工作的同时,也能享受到高质量的生活。日本政府的目标是打造一个让国民能够安心工作、安心生活、安心生育和养育子女、安心养老的社会。这样的社会,不仅能让每一个人都感到安心,也能推动社会的和谐与进步。

日本政府针对老年人对养老护理的担忧和不安作出了多项法律回应,并根据时代和社会的变迁对现有制度进行了修改。其中,《护理保险法》的出台尤为重要。该法提出护理保险由政府、社会保险和个人共同承担费用,将护理制度从一种社会福利制度转变为一种社会保险制度。为了满足大多数老年人希望在熟悉的环境中生活、养老、接受医疗和护理的需求,日本政府积极推动了地区综合关怀体系的建立。

面对养老护理机构工作人员辞职率高的问题,日本政府着手减轻养老护理从业人员的工作负担,改善他们的待遇,提高他们的社会地位。为了应对护理人手不足的问题,日本政府允许在日本获得"护理福祉士"①资格的外国留学生在日本国内的养老机构从事护理工作。同时,他们也在技能实习制度中承认了护理职业,为技能实习生打开了从事护理工作的大门。此外,日本政府还加大了对人工智能技术开发和应用的支持,希望未来人工智能机器人和信息通信技术能在对老年人的日常照顾上发挥作用,以此来弥补护理人员的短缺。

二、激活潜在劳动力,振兴地方经济

日本政府坚信,"安心社会"和"共生贡献"是日本进入21世纪的2个重要支柱。在面临劳动力短缺的挑战时,日本政府提出了改革劳动力市场、促进女性更加活跃、灵活利用外国人才等策略。日本政府的目标是建立一个让每一个愿意工作的人都能充分发挥自己的能力,安心工作,过上稳定生活的社会。这种可持续的"全员参与型"社会主要体现在以下几个方面。

首先,发挥女性的潜能,弥补劳动力的不足。日本政府制定了《男女雇用机会均等法》和《育儿与护理休假法》,在法律层面保障了女性的工作权利和育儿休假权利。为了进一步激励和发挥女性的职业活跃性和能力,日本国会通过了让女性在职业生活中更加活跃的法律,目标是将育儿休假延长至3年,将"待机儿童"人数降为零,将女性管理职位的比例提高到30%。这是日本政府实现"一亿总活跃社会"的重要支柱。其次,延长退休年龄,促进老年人再就业,让健康的老年人充分发挥他们的能力,实现他们的人生价值。《高龄者雇用安定法》规定企业有义务继续雇用有工作意愿的高龄员工。据厚生劳动省2015年发布的高龄者就业状况相关报告,72.5%的日本企业为65岁及以上有工作意愿的老年人提供工作机会,20.1%的企业为70岁及以上的老年人提供工作机会。近年来,日本政府还鼓励健康的老年人在社区中发挥作用,支持他们开设社区食堂、育儿中心、儿童放学后的看护中心等,这样既能满足社区居民的需求,又能发挥老年人的活力。再次,改革现有的工作方式,让社会焕发新的活力。为了应对

---

① "护理福祉士"是指通过国家资格认证的具备专业护理知识和技术的护理人员。

育龄人口减少问题，以及民众面临的家庭和工作两难困境，2018年日本政府开始改革民众的工作方式。这次改革纠正了日本企业长时间工作的弊端，实行了同工同酬的原则，扩大了就业机会，挖掘了女性等群体中的潜在劳动力，释放了劳动意愿。从改革效果来看，工作方式和雇佣制度的改革已经初步取得了成效。最后，是促进地方社会的活跃。日本政府长期致力于通过各种政策和措施来解决人口老龄化和人口减少带来的地方社会衰退问题。这些振兴政策旨在吸引人才回流地方，增加地方的活力，并寻求大城市和地方社会的均衡发展。在平成时代，竹下登政府为了应对人口老龄化和人口减少带来的地方衰退问题，推出了"故乡创生"政策。这项政策向日本全国的自治体提供了一亿日元的资金，用于吸引人才回流地方，振兴地方经济和改善地方生活环境。这一举措不仅刺激了地方经济的发展，也提升了地方的活力。随着时间的推移，东京等大城市的发展速度远远超过了地方，造成了东京单极中心过度集中的问题。为了解决这个问题，日本政府又一次提出了"地方创生"政策。这项政策鼓励地方政府采取积极措施吸引人才，并为愿意回流地方的人才提供各种支持和优惠。"地方创生"政策的一个重要方面，就是鼓励城市老年人到地方养老、居住。这不仅可以帮助老年人找到更加安静舒适的养老环境，也可以帮助地方社会吸引人口，增加活力，同时，这也有助于实现大城市和地方社会的均衡发展。为了吸引更多的优秀人才流向地方，日本政府还推出了一系列的措施。例如，为愿意到地方工作的年轻人提供住房和就业支持，为愿意到地方创业的人提供贷款和税收优惠。此外，政府还建立了各种培训和教育项目，帮助人们提升技能，提高地方就业的吸引力。但是，激活地方社会不仅仅是吸引人才回流的问题，还需要改善地方社会的生活环境、提升公共服务的质量、增强地方文化的吸引力等。为此，日本政府还在改善地方的交通设施和医疗设施、提升地方的教育水平、丰富地方的文化活动等方面作出了努力。日本政府通过实施一系列的政策和措施，成功地激活了地方社会，增加了地方的活力。这些成功的经验和做法，对于其他面临同样问题的国家和地区，无疑有着重要的借鉴意义。

三、提升公正与多元社会制度的完善度

日本社会面临的挑战包括收入差距扩大、非正式雇佣劳动力增长以及中产

阶级向社会底层流动。为此,日本政府制定了一系列策略和政策,旨在建立一个公正和包容的社会。这主要包括采取行动,将残疾人、贫困人口、单亲家庭、外籍劳工、性别少数群体等社会弱势群体纳入福利制度的保障范围。总的来说,提升公正与多元社会制度的完善度主要体现在以下4个方面。一是保护和支持社会弱势群体,切断贫困的代际传递。针对相对贫困的问题,日本政府在现有的社会保障基础上,努力构建包括生活保护制度、就业保险制度等在内的安全网。对于生活困难者,提供生活保障费用;对于收入低于一定水平的群体(年收入在270万日元以下的人)在所得税、住民税上给予减免,同时减免其国民年金、国民健康保险的缴费。二是实行同工同酬,关注和保护非正式就业者。例如,日本2015年修订的《劳动者派遣法》原则上禁止雇佣时间在30天以内的短期派遣,以保证派遣型劳动者能够有一个长期稳定的就业环境,缩小派遣员工与正式员工之间的收入差距。三是公平对待外籍劳动者并鼓励多元包容。大多数外籍劳动者处于社会的底层,待遇不高,工作强度大,更换工作的频率也比较高。此外,他们的工作环境通常不安全,人身伤害事件时有发生。在日本面临人口老龄化导致的劳动力短缺的问题时,引进外国的劳动力成了一个重要的讨论主题。于是,2018年日本通过了《出入国管理及难民认定法》修正案。这个法案针对14个行业如护理、建筑、农业等,从2019年4月开始设立了2种新的"在留资格",为外籍劳动者有条件地打开了日本的大门。但是,要确保外国人在日本的工作、生活、子女教育以及社会保障等方面能够获得与日本国民同等的权利,这不仅是对日本政府施政水平的考验,更是对日本社会公平与包容性的测试。这需要日本政府、地方自治体、企业以及公民团体的共同努力,营造一个多元文化共生的社会。在这样的社会中,不同国籍和民族的人们能够相互尊重并认同各自的文化差异,建立平等的关系并共同生活。

为此,日本政府从以下几个方面着手。一是改善外籍劳动者的待遇。这包括提高工资,减少工作时间,提供更多的休息时间以及提高工作环境的安全性。二是提供更好的社会服务。这包括但不限于提供语言教育,帮助他们更好地融入日本社会,以及提供相应的社会保障,如医疗服务和退休金等。三是加强多元文化教育。这包括在学校和社区加强多元文化教育,培养公民对多元文化的理解和尊重,以促进日本社会的多元包容。

四、探索多元协作的治理策略

日本的阪神大地震催生了一种新的治理模式，即多元协作。在地震发生后，民间组织和志愿者立即进行了有组织、有秩序的救援工作，这种效率和组织能力引起了日本政府的注意。这直接导致了1998年《特定非营利活动促进法》的出台，从而在日本社会中催生了大量的非营利组织。这些组织在福利、教育、环境保护和社会治理等领域发挥了积极作用，改变了日本的中央集权"官民型"社会。在21世纪，我们可以看到日本中央政府、地方政府、非营利组织、市民团体和社区居民之间正在形成一种新的互助、互动关系，即者多元协作。这种模式强调各种不同的组织在维持自身资源和特性的基础上，为了达成共同的社会目标，采取平等的立场，共同行动。日本地方政府开始积极改善与非营利组织的关系，制定了各种推动多元协作的条例。此外，日本政府部门还通过委托事业、发放补助金等方式，资助非营利组织的活动，通过共同举办活动、进行人员交流和人才派遣、提供设施设备等方式，与非营利组织进行合作和互动。

这种多元协作模式推动了日本的行政体制改革，为社会治理提供了一种稳妥的方式。例如，千叶县的柏市、东京大学的高龄社会综合研究机构和都市再生机构合作，通过改善居家养老的社会环境，构建了地方关怀体系，开启了"长寿社会的社区营造"项目。这是一个典型的多元协作的例子，同时也是对日本高龄社会问题的一种积极应对。随着日本社会人口老龄化的进一步加剧，如何改善老年人的生活状况，特别是如何提供高质量的居家养老服务，成了一个重要的社会议题。在这个背景下，柏市、东京大学的高龄社会综合研究机构和都市再生机构决定联手开展这个项目。首先，他们对柏市的老年人的生活状况进行了详细的调查，以了解他们的需求和期望。其次，他们对国内外的养老服务模式进行了研究，以寻找可行的解决方案。基于这些研究，他们提出了一种新的居家养老服务模式。这种模式通过提供个性化的服务，让老年人能够在熟悉的家庭环境中安享晚年。再次，他们为老年人提供了一系列的社区活动，如养生讲座、健康检查、社区聚会等，以丰富他们的生活，增强他们的社会参与感。最后，他们建立了一套完善的地方关怀体系。这个体系包括了社区志愿者、医疗机构、社会服务机构等多种力量，为老年人提供全方位的关怀和支持。这个项目的成功实施,不仅改善了柏市老年人的生活状况,也为其他地方提供了一个可复制的模板。它展示了如何通过公共政策、学术研究和社区参与的联合努力,来解决复杂的社会问题。这是一个多元协作的成功案例,它反映了这种模式在解决社会问题方面的巨大潜力。另一个例子是非营利组织西淀微笑网络在地方政府的支持下,为消除年轻母亲们在育儿上的不安,开展了丰富多彩的活动。这个组织认识到许多年轻的母亲在面对育儿问题时会感到不安和困惑,因此他们决定采取行动来解决这个问题。首先,西淀微笑网络与地方政府密切合作,以确保他们的活动能够得到足够的支持和资源。这种公私合作模式使得他们能够更有效地为社区内的年轻母亲们提供所需的帮助。他们的一项主要活动是创建了一个供亲子交流的场所。这个场所旨在为年轻的母亲们提供一个可以相互分享经验、获取信息和支持的平台。这个场所的存在使得这些母亲能够感到自己并不孤单,也有其他的母亲正在经历同样的问题和挑战。其次,西淀微笑网络定期举办育儿讲座。这些讲座通常由专业人士主讲,他们会分享关于育儿的最新研究成果,解答母亲们的问题,给她们提供实用的育儿技巧和建议。最后,西淀微笑网络提供了一系列育儿信息和资源。这些信息和资源包括育儿书籍、DVD、网站链接等,都是为了帮助年轻的母亲们更好地理解和照顾她们的孩子。西淀微笑网络通过与地方政府的合作,以及开展一系列丰富多彩的活动,成功地帮助了许多年轻的母亲消除了育儿的不安,在育儿方面获得了信心和乐趣。这种多元协作的模式不仅提供了实质性的帮助,也为其他地区和组织提供了一个成功的例子,展示了如何通过公私合作来解决社会问题。简而言之,它激发了政府、非营利组织、企业、大学、志愿者以及居民的积极性,为解决日本的社会问题提供了新的路径。这种模式的成功实施,提供了一个值得我们学习和借鉴的案例,特别是在处理复杂社会问题时,这种跨部门、跨领域的合作能够创造出新的解决方案。

在政策推动下,我们可以期待智能技术在未来为高龄者提供更多的便利和支持,同时也需警觉并防范可能出现的问题,比如数据隐私的保护,避免数字鸿沟加剧等问题,从而构建一个更加包容、公平的社会。

第六章

日本养老模式对中国的启示

　　随着全球人口老龄化的加剧,各国都在寻找有效的应对策略。在这个背景下,日本的养老模式引起了广泛的关注。日本通过一系列政策和制度改革,成功地应对了人口老龄化带来的社会和经济挑战。本章将深入研究日本的养老模式,了解其背后的政策、制度和实践,如日本如何通过实施全民养老保险、推广社区老年照护、鼓励活跃老龄等一系列策略,实现了老龄社会的和谐发展。在此基础上,我们将分析日本养老模式的优点和局限,以及其对中国的启示。中国也正面临着人口老龄化的挑战,但其情况与日本有所不同,如人口结构、经济发展水平、文化背景等。因此,中国不能简单地复制日本的养老模式,而需要在借鉴日本经验的基础上,根据自身的实际情况,制定和实施适合自己的应对策略。通过对日本养老模式的深入研究,我们希望为中国人口老龄化问题的解决提供有价值的参考和启示。

第一节　中国人口老龄化的现状与趋势

一、中国人口老龄化的现状

　　中国于1999年进入老年社会,比所有的发达国家和地区都晚,但是其人口老龄化的进程却表现出了比发达国家更快的速度。

　　"十四五"时期,我国60岁及以上老年人口总量将突破3亿人,占总人口的比重超过20%,进入中度老龄化阶段。到2035年前后,我国老年人口总量将增加到4.2亿人左右,占总人口的比重超过30%,进入重度老龄化阶段。到本世纪中期,我国老年人口的规模、老龄化率将相继达到峰值。这意味着人口老龄化是今后较长一段时期内我国的基本国情。换言之,我国在未来将持续承受由人口老龄化引发的社会、经济等各方面的压力,这将是一个长期且重大的挑战。

中国的超老年人口,即80岁及以上的人口,占60岁及以上老年人口的比例正在快速上升,中国的人口老龄化呈现出超老龄化的明显趋势。虽然当前的老年人口主要是所谓的"年轻老年人",但健康状况并不理想的老年人,特别是那些需要长期照护、无法自理的老年人,将成为老年人口的重要部分。全国范围内的大规模调查数据显示,我国的老年人口中有比例相当高的人群患有疾病、残疾,或者生活无法自理。随着老年人口年龄的不断增长,患病率、伤残率还将会上升,自理能力将会下降,这将导致对长期照护的需求也会增加。考虑到中国庞大的老年人口群体和超老龄化的趋势,预计在未来几十年内,中国需要照护的老年人口数量将达到一个惊人的水平。丧失日常生活自理能力的老年人群正在增加,其中,超老年人口和患病老年人口所占的比例更为突出,这意味着他们对医疗和日常护理的需求正在增加,家庭在老年人的医疗和护理费用上的负担也在逐渐加重。

人口老龄化问题的产生,从根本上来讲,可以归结为2个关键因素:出生率的下降和平均寿命的增长。[1]出生率的下降导致了年轻人口的比例减小,而平均寿命的增长则使老年人口数量迅速增加,这两者共同导致了人口老龄化。近年来的低出生率不仅加速了人口老龄化的趋势,也加剧了中国传统的大家庭模式的萎缩,使得老年人的居家养老模式遭遇挑战。随着家庭结构的小型化,各代之间的分离趋势也在增强。在传统文化中子女对于老年人的晚年生活具有重要意义,但随着社会的变迁,老年人越来越多地独自生活。随着家庭成员的减少和家庭规模的缩小,更多的老年人遇到了无法得到子女照料的问题。因此,迫切需要建立由政府、单位和个人共同负责的多层次养老保障体系。这需要我们完善相关法律,通过法律构建养老保障体系,逐步将老龄问题法治化,以便在传统的居家养老模式被打破的社会背景下,为老年人的养老提供有效的保障,应对人口老龄化趋势的挑战。

中国的人口老龄化分布呈现出显著的地域差异,主要表现在城乡、沿海与

---

① 李本公:《中国人口老龄化发展趋势百年预测》,华龄出版社2007年版,第25页。

内陆,以及中部与西部之间的不均衡。比如,在20世纪90年代中期,上海、北京、天津、江苏、浙江等5个省市首先步入了老龄社会,而一些省市则是在21世纪初才进入老龄社会。在城乡差异方面,中国的人口老龄化也显示出不均衡的分布。农村地区的青壮年劳动力大量流向城市,这使得农村的人口老龄化程度迅速提高。目前,农村的老年人口数量巨大,占全国老年人口总数的74.9%。预计在未来,农村将成为我国人口老龄化最严重的地区,将面临巨大的问题和挑战。这些问题需要我们从政策和实践层面进行深入研究和应对。

人口老龄化是社会进步和人类发展的自然产物,它反映了经济发展、生活条件的改善、人口素质的提高等。随着人类平均寿命的增长,我们可以期待一个动态的、发展的、高质量的年龄结构。目前人口老龄化给经济、医疗保健、社会保障等领域带来了巨大的压力。首先,现有的养老保障体系难以应对人口老龄化的快速发展,养老保险支付的压力在逐年增加。其次,当前的医疗保障体系无法有效满足老年群体的医疗需求。老年人是医疗卫生资源的主要消费者。据统计,60岁以上的老年人在其余生中约有2/3的时间为带病期。随着老年人口的快速增长,相应的医疗资源的消费和占用比例也在加大,这给医疗保障体系带来了巨大的压力。看病难、看病贵,小病拖、大病挨,因病致贫、因病返贫等问题越来越多,成为社会关注的焦点和老龄工作的重要议题。再次,社会养老服务体系的建设滞后,无法满足老年人日益增长的服务需求。虽然福利院和敬老院等社会养老机构可以缓解年轻人照顾老人的压力,但我国的老年人福利设施严重不足,为老年人服务的体系建设严重滞后,社会福利机构的床位数与老年人口总数的比例不足1%,与发达国家的7%相比差距很大。最后,资金投入和投入机制无法满足老龄事业的发展需求。社会养老需要大量的资金支持,这对政府的财政构成了巨大的经济负担。当前,我们尚未建立与人口老龄化和社会经济发展相适应的公共财政投入自然增长机制,这在一定程度上限制了社会养老事业的健康发展。

二、中国人口老龄化的新特点

(一)人口老龄化的驱动力将从底层老龄化转向顶层老龄化

中国面临着严重的人口老龄化问题,这个问题有2个阶段,分别被称为底层老龄化和顶层老龄化。

1. 底层老龄化

底层老龄化描述了由于生育率下降导致的人口老龄化现象。在这个背景下,老年人口占总人口的比例相对提高。随着中国经济的快速发展,人们的生活方式和观念也发生了改变。更多的人选择了晚婚和晚育,甚至选择不婚不育。另外,由于家庭生活成本的提高,尤其是教育和医疗等开支的增加,许多年轻家庭选择只生一个孩子或者不生孩子,这也导致了生育率的进一步下降。由于生育率的下降,儿童人口的数量大幅减少,而老年人口的数量相对保持稳定或略有增加,这就导致老年人口占总人口的比例提高,从而形成了人口老龄化现象。这种情况给社会经济带来了许多挑战,包括劳动力供应的减少,养老保障压力的增大,以及医疗资源的分配问题等。对于底层老龄化的问题,我们需要采取一系列措施来应对,如:调整人口政策,鼓励生育,提高生育率;改革养老保障制度,确保其可持续性;优化医疗资源分配,提高医疗服务的效率和质量等。同时,我们也需要看到,老龄化社会也为众多行业提供了新的发展机遇,如养老服务、健康产业、生活服务等。

2. 顶层老龄化

顶层老龄化描述了老龄人口占总人口的比例上升的现象,其主要驱动力是人类预期寿命的提高。中国也正在经历这个过程。人类预期寿命的提高主要归因于医疗科技的发展和生活条件的改善。医疗技术的进步使得许多以前难以治疗的疾病现在可以被有效地控制和治疗,例如心脏病、癌症和糖尿病等。此外,更好的营养和公共卫生条件也使得人们能够过上更健康的生活,从而延长了人们的预期寿命。预期寿命提高了,越来越多的人能够活到老年阶段,所以老年人口就增加了。这种人口分布的改变对社会经济制度产生了深远的影响。

随着老年人口的增加,对养老服务、医疗保健和社会保障等方面的需求也增加了。这对公共财政和社会保障制度产生了巨大的压力。例如,养老金制度需要进行调整以适应更多的老年人口,医疗系统需要提供更多的老年疾病治疗和护理服务,而劳动力市场也需要应对少子化和老龄化带来的影响。对于顶层老龄化现象,我们需要采取有效的政策来应对,如:改革养老保障制度,提高医疗服务的质量和效率,推动健康老龄化的生活方式,以及提高老年人的社会参与度等。同时,我们也需要看到,老龄化社会为众多行业提供了新的发展机遇,如养老服务、健康产业、生活服务等。顶层老龄化是一个重要的社会现象,与之相关的挑战和机遇都需要我们认真考虑和应对。

3. 未来的挑战

预计到2050年,中国的老年人口比重将达到22.1%,远高于儿童人口的比重。这将带来一系列的社会经济挑战,包括养老保障制度的压力、医疗资源的分配、劳动力市场的变化等。这就要求我们积极行动起来,制定出适应老龄化社会的政策。同时,人口老龄化也带来了一些新的机遇。比如,随着老年人口的增加,对养老服务、健康保健、休闲旅游等领域的需求也会增加。这为相关行业的发展带来了新的机遇。

总的来说,中国的人口老龄化问题是一个严峻而复杂的问题,既有挑战,也有机遇。如何平衡这些因素,使得社会能够健康、可持续地发展,是中国未来面临的重要任务。

(二)人口老龄化的趋势将从快速老龄化转变为加速老龄化

我国1950—1959年出生的人(第一次人口出生高峰)从2010年开始陆续进入老年,人口老龄化开始加速。截至2022年末,全国60岁及以上老年人口为2.8亿人,占总人口的19.8%。2010—2020年,中国处于人口老龄化的第一次增长高峰。随着1962—1973年出生的人(第二次人口出生高峰)逐渐进入老年,加上第一次高峰的叠加效应,2020—2035年,中国处于人口老龄化的第二次增长高峰。2026年和2037年,老年人口总量将分别突破3亿人和4亿人,占总人口的比重将分别达到20.6%和27.4%。随着时间的推进,养老压力将快速增大。因此,建立养老保障制度的需求日益迫切,应尽早进行,不容错过最佳时机。

(三)养老保障的主体将由以城市居民为主转变为全民覆盖

面对人口老龄化问题的不断深化,加快推进全民养老保障制度建设的任务刻不容缓。我国的人口老龄化问题已是一个日益严重的问题,也是一个具有挑战性的问题,需要我们采取实际行动来解决。全民养老保障制度的建设是解决这个问题的关键。全民养老保障制度将使所有的公民,无论他们是城市居民还是农村居民,无论他们是就业人员还是失业人员,都能够享受到养老保障。在全民养老保障制度下,政府和社会都需要承担起各自的责任。政府需要通过立法和政策引导,保证每个公民都能享受到养老保障。社会则需要通过企业和个人的参与,共同为养老保障制度的实施提供资金和人力资源。

建立全民养老保障制度并不是一蹴而就的事情,我们需要从制度设计、政策制定、资金筹备、人力资源培养等多个方面进行深入的研究和实践,才能逐步建立起一套完善的全民养老保障制度。我们需要设计出一套符合我国国情和人口老龄化特征的全民养老保障制度。这个制度需要考虑到城乡、就业和失业、性别、年龄等多个因素,确保每个公民都能享受到公平和适合自己的养老保障。我们需要制定出一套完善的政策,引导和促进全民养老保障制度的实施。这些政策需要考虑资金筹备、人力资源培养、保险公司监管、公民权益保障等多个方面。比如,政府可以通过税收和收取社会保险费等方式筹集资金,企业和个人可以通过缴纳社会保险费、购买养老保险等方式提供资金。我们需要培训专业的养老保险工作人员,提高公民的保险意识,提供养老保险咨询服务等,以确保全民养老保障制度的运行。

全民养老保障制度的推进和实施,将为我国的人口老龄化问题提供一个全面的解决方案。它不仅可以保障每个公民的老年生活,也可以推动社会的和谐发展。同时,全民养老保障制度也将为我国的经济发展提供强大的支持。它可以引导社会资金的合理流动,促进消费市场的发展,推动保险业和相关产业的发展。

第二节　日本养老模式的分析与经验借鉴

一、全员覆盖:普遍保障社会公平

日本的养老保险制度是全员覆盖,确保所有人都能在老年时期获得一定的经济保障。无论是员工、自营业主还是家庭主妇,都必须参加公共养老保险。此外,日本的养老保险制度根据个人的缴费年限和缴费金额来确定养老金的发放金额,这样可以保证那些长期缴纳保险的人能获得更多的保障。

这一制度的实践对中国的启示是,养老保障应该是全员覆盖的,包括农民工、自营业主、自由职业者、临时工和其他非全职员工等。目前，农民工和自营业主等非全职员工的养老保障问题并没有得到充分的解决。他们的养老保障往往依赖于自己的储蓄或者子女的赡养，这既不公平，也不能保障他们老年时的基本生活。因此，如何实现全员覆盖，使得所有的劳动者都能得到充分的养老保障，是当前社会保障体系改革的重要课题。全员覆盖的养老保险制度实践可以确保所有的劳动者都有充足的养老保障，普遍保障社会公平。这不仅可以保障每一个人的基本生活，还可以避免因为年龄的增长而产生的贫困问题。同时，全员覆盖的养老保障制度也可以激励人们主动参与劳动，因为他们知道自己的辛勤工作将会得到应有的回报。为了实现全员覆盖的养老保障，我们可以借鉴日本的经验，但也必须结合中国的实际情况。首先，我们需要加大对农民工、自营业主和其他非全职员工的养老保险宣传力度，让他们了解养老保险的重要性，鼓励他们主动参加。其次，我们需要改革现有的养老保险制度，使其更加公平和公正。例如，我们可以考虑实行按照个人缴费年限和金额来确定养老金的发放金额的制度，以保障那些长期缴费的人能获得更多的保障。最后，我们还需要加大对养老保险的财政补贴，以保障那些没有稳定收入的人能够得到养老保障。

全员覆盖的养老保险是社会公平的重要保障，也是人民幸福生活的基础。我们需要借鉴国际上的成功经验，结合中国的实际情况，不断改革和完善我们的养老保障制度，确保每一个劳动者都能在老年时期得到充足的经济保障。中国有着庞大的人口基数和复杂的社会结构，全员覆盖的养老保险制度将是一项具有挑战性的任务，鉴于其对于社会公平和稳定的重要性，这是一项值得我们投入财政支持等各种力量去完成的重要任务。同时，实现全员覆盖的养老保障，不仅需要政策层面的支持和改革，还需要社会各界的理解和配合。我们需要营造一个尊重老年人、重视养老问题的社会氛围，让每个人都能感受到社会的关怀和保护。全员覆盖的养老保障是一个长期的过程，需要我们持续的努力和投入，但是，只要我们坚持不懈，相信一定能够实现这个目标，让每一个劳动者都能在老年时期得到应有的尊严和保障。

尽管日本在养老全员覆盖方面取得了显著的成功，但在老年看护领域，它也面临着一些挑战。日本的人口老龄化程度高，老年人口增加迅猛，导致看护需求急剧上升。这一挑战促使日本不断寻求创新和改进,以满足老年人的需求。由 2 名 65 岁及以上的老年人互相护理的情况则称为"老老护理",这 2 名老年人可以是夫妻,也可以是其他家庭成员。此外,有时也会把 75 岁及以上的人护理 65 岁及以上的老年人的情况称为"超老老护理",这个词的存在表明护理年龄正在上升。

"老老护理"增加的原因主要有 3 个:医学的进步;核心家庭化;对他人护理的抵触感。

(一)平均寿命的增加

日本厚生劳动省统计数据显示,2023 年日本人平均寿命时隔 3 年再次延长。根据厚生劳动省的数据,2023 年日本女性的平均寿命为 87.14 岁,男性为 81.09 岁。这一数据相比前一年,女性增加了 0.05 岁,男性增加了 0.04 岁,男女平均寿命均有所提升。随着平均寿命的增加,需要护理的时间也延长了。而当开始照顾父母/配偶时,他们自己也已经进入老年,这就导致了"老老护理"现象。

(二)核心家庭化

核心家庭化的发展也是"老老护理"增加的一个原因。核心家庭指的是只有夫妻、夫妻和未婚的孩子或单亲和未婚的孩子组成的小家庭。其中只有老年夫妻的家庭无法依赖孩子进行护理,需要夫妻互相护理的家庭增加了。

(三)对他人护理的抵触感

对于需要被护理的人来说,由谁照顾是一个重要的问题,很多人对由他人护理有抵触感。需要护理的程度因人而异,通常包括喂饭、帮助洗澡和排便等。因此,许多人不喜欢由他人护理。为一个成年人提供生活护理需要体力,而随着年龄的增长,照护者的体力在下降,有许多事情他们可能无法做到,护理变得越来越困难。

在"老老护理"中,照护者的负担很大,和社会的接触会减少。随着与社会的接触减少,他们会感到孤独,无法寻求外界的帮助。由于护理成为生活的中心,出门变得困难和繁重。他们会因无法出门而在社会上被孤立,与他人的交流也会减少,这可能导致大脑的认知功能下降,造成认知障碍。社会孤立成为压力,加重认知障碍,从而加大"老老护理"的难度。

在"老老护理"中,照护者和被照护者都可能面临各种问题,有时这可能导致两人都身心疲惫,甚至崩溃。为了避免这种情况,现在的日本社会有以下几个措施:利用日托中心或日间服务、利用短期留宿服务、利用上门护理和护士服务、利用养老院或其他护理设施、利用地域综合照护服务体系。

日托中心提供的服务或日间服务,都包括接送和餐饮服务、洗浴和娱乐活动。二者的区别在于日托中心主要提供在医生指导下进行的康复服务,而日间服务主要是为了支持人们过上独立的日常生活。

如果想使用比日托中心或日间服务更长期的服务,那么短期留宿服务是一个值得考虑的选择。在短期留宿服务中,最多可以连续30天留在照顾中心中,这可以大大减轻照护者的负担,同时这是一个短期的住宿,同时被照顾的人也不太可能觉得被抛弃,这对双方都有益。上门护理是指家庭助手到访用户家中,提供清洁、洗衣、烹饪、购物等生活援助,以及饮食、排便、洗澡等身体护理。即使用户有子女,但因为子女要上班,不可能全天候照顾到他们,所以上门护理是最常见的护理方式。护士服务是指护士在医生的指导下,到访用户家中,提供医疗照顾和医疗处理等服务。上门护理和护士服务的优点是用户无须移动,对于行动不便的人来说,这是一个很好的选择。另外,由于有外人来访,可以增加用户与社会的接触点,防止被社会隔离。除了接受上门护理和护士服务外,用户还可以获得关于护理方法等方面的建议。

如果是几乎全程需要照顾、护理负担很大的情况,利用付费老人之家等护理设施也是一个选择。利用此类护理设施可以得到全天候的照顾、更周到的服务,同时也大大减轻了照护者的负担。付费老人之家有各种类型。如果需要高度的护理,可以选择由设施工作人员提供护理服务的付费老人之家。有些付费老人之家可能不提供护理服务,而是利用外部的护理服务,即住宅型付费老人之家,因此在使用之前最好事先确认。

针对高级人群的高级老人之家,虽然设施和服务如温泉、健身房、礼宾等非常完善,但往往不提供护理服务。需要多大程度的护理,需要根据被照护者的身心状况,并经护理经理等专家审核后决定,然后寻找适合该被照护者的设施并确定入住地。被照护者想入住老人之家,但不清楚需要什么程度的护理服务时,可以在护理服务平台上咨询护理服务,咨询员会在充分了解设施设备、服务内容、地理信息等情况后,推荐最适合的服务。如果想在接受最适合自己身体状况的服务的同时,选择一个可以安心生活的设施,那么被照护者可以利用这种免费咨询服务。

地域综合照护服务体系旨在让被照护者在熟悉的社区中继续过自己的生活,由社区整体提供医疗、护理、福利等支援和服务。其主要活动包括:构建医疗和护理的协作机制;支援有认知障碍的老年人;由志愿者运营的认知障碍患者咖啡厅等交流沙龙;购物支持、移动支持等。虽然都是老年人,但需要护理的老年人和健康的老年人的状况是不同的。地区综合护理系统期望老年人积极参与社会活动,健康的老年人支持需要护理的老年人。社会参与也意味着与他人的接触和创造自己的空间。地区综合护理系统一般要求用户是65岁及以上的老年人。

日本建立了一套完善的看护服务网络,包括专业的看护员培训和职业认证体系,以及各种看护设施。这些举措有助于提高看护服务的可及性和质量,为老年人提供更好的关怀。第一,中国可以投资更多资源来建设和发展类似的看护服务体系,以满足不断增长的老年人口的需求。第二,中国还可以借鉴日本促进家庭看护的政策。日本鼓励家庭成员承担一部分看护责任,通过提供一定的看护补贴等支持措施,帮助家庭成员更好地照顾年迈的亲人。这种政策有助于减轻国家看护负担,同时也弘扬了家庭关爱的传统。中国可以考虑类似的政策,鼓励家庭成员参与看护,并提供相应的支持和激励措施。第三,中国可以从日本的社区参与模式中获得启示。日本鼓励社区居民参与老年人的生活,推动建立了各种社区支持系统,如老年人日间照顾中心和社区志愿者组织。这些社区参与模式有助于老年人保持社交联系,享受更多的社会支持,并减少孤独感,从而提高老年人的生活质量。第四,值得注意的是,日本在老年看护方面注重培训和职业发展。他们建立了看护员的职业认证体系,为专业看护员提供培训和发展机会。这不仅提高了看护服务的质量,还为年轻人提供了一个有前景的职业选择。中国可以借鉴这一做法,加强看护员的培训和职业发展支持,以满足不断增长的看护需求,同时创造就业机会。该制度通过收集社会保险费用来提供看护服务,分担了老年看护的经济负担。这种制度有助于确保老年人能够获得负担得起的看护服务,并降低了家庭经济负担。

通过建立更完善的看护服务体系、鼓励家庭和社区参与、加强看护员培训和发展以及实施长期护理保险制度,中国可以更好地应对老年人口增长所带来的挑战,确保社会公平和老年人的生活质量。这些举措将有助于建立更加健康、包容和关爱的社会。

我们期待看到的是一个每个人都有充足养老保障的社会,每个人都能在努力工作后享受到安详和有尊严的晚年。这样的社会,既符合社会公平的原则,也有利于长期稳定和繁荣。为了实现这个目标,我们需要借鉴和学习国际上例如日本等国家先进的做法和经验,同时也要结合中国的实际情况,不断改革和完善我们的养老保障制度。在这个过程中,每一个人都有责任和义务参与其中,因为这关乎我们自己的未来,也关乎我们的子孙后代。让我们携手共进,为实现全员覆盖的养老保障,构建一个更加公平、公正、和谐的社会而努力。

二、多元化投资:提高养老金的投资回报率

日本的养老金投资策略和管理已经达到了较高的水平。日本的养老金投资渠道多元化,包括股票、债券、房地产等。这种多元化的投资模式不仅可以分散风险,还可以有效提高养老金的收益,从而提高养老金的支付水平,保证老年人的生活质量。这是一个值得借鉴的做法。

首先,我们需要认识到,养老金的管理并不仅仅是收取和支付的过程,更是一个资本运作的过程。养老金的资金规模庞大,如果能够合理有效地进行投资,就可以产生更多的收益,从而提高养老金的支付水平。日本的经验告诉我们,多元化的投资是实现这一目标的重要手段。具体来说,多元化的投资可以分散风险,避免因为某一个投资领域的波动而导致养老金遭受大幅损失。例如,如果我们把所有的养老金都投资在股票市场,那么一旦股市崩盘,养老金就会遭受重大的损失。但如果我们把养老金投资在股票、债券、房地产等不同的领域,那么即使其中一个领域出现问题,其他领域也可以保持稳定,从而减少总体的风险。

其次,多元化的投资还可以提高养老金的收益。不同的投资领域有不同的收益率,通过合理的配置,我们可以在保障安全性的同时,提高养老金的总体收益。例如,股票市场的收益率可能比债券市场的收益率高,但风险也更大。通

过将一部分养老金投资在股票市场,另一部分投资在债券市场,我们可以在获得较高收益的同时,保证养老金的安全。

因此,我们应该更加积极地探索多元化投资。这需要我们建立一个专业的投资团队,引入更多的投资工具和方法,建立一个科学的投资决策机制。同时,我们也需要加强风险管理,避免因为投资失误而导致养老金遭受损失。但是,我们也需要注意,多元化投资并不是万能的,也不能盲目进行。我们需要根据中国的实际情况,结合全球的经济环境,制订出适合的投资方案。我们不应该过于追求短期的收益,而应该注重长期的稳定性,以保证养老金的安全。此外,我们还需要建立一个透明、公开的投资管理系统,让公众了解养老金的投资情况,增加公众的信任度。我们需要让公众了解,养老金的投资是为了提高养老金的收益,提高养老金的支付水平,保证他们老年时期的生活质量。

养老金的管理是一个系统性的工程,涉及众多的因素和环节。多元化的投资只是其中的一部分,我们还需要对养老金的收取、支付、管理等方面进行全面的改革,以建立一个更加完善和科学的养老金管理系统。中国作为世界上最大的发展中国家,有着庞大的老年人口。如何保障他们的生活质量,是我们面临的一个重要任务。我们需要借鉴国际经验,结合中国的实际情况,不断探索和创新,建立一个既能保证养老金的安全又能提高养老金的收益的管理系统。多元化投资是一个长期的过程,需要我们持续的关注和调整。我们应该以此为目标,逐步推动养老金的投资多元化,以提高养老金的投资回报率,保障养老金的长期稳定。在这个过程中,我们需要不断提高我们的专业能力,加强我们的风险管理水平,确保在追求收益的同时也能保证养老金的安全。我们还需要加强公众的教育和引导,让他们了解养老金的投资情况,增加他们对养老金管理的信任。通过这些努力,我们可以期待,中国的养老金管理会越来越完善,养老金的投资回报率会越来越高,老年人的生活质量会得到更好的保障。这是一个长期的目标,也是我们必须努力实现的目标。

三、积极应对老龄化:推动制度创新和政策调整

人口老龄化已经成为全球的一个重要问题,它不仅对社会经济发展产生了影响,也对养老保障机制提出了新的挑战。日本作为全球老龄化最为严重的国

家之一,其在应对老龄化方面的经验值得我们借鉴和学习。通过提高退休年龄、推广健康长寿的生活方式等措施,日本政府积极应对人口老龄化带来的挑战。与此同时,中国也正面临着严重的人口老龄化问题,需要制度创新和政策调整,以有效应对这个挑战。

(一)延长退休年龄

日本已经将退休年龄提高到了65岁,这一措施有效地缓解了养老金的压力。德国和英国等国也已经提高了退休年龄。在美国,全额社保退休年龄正在逐步提高,预计将在2027年达到67岁。

提高退休年龄的主要优点是它可以延长工作年限,从而缓解养老金的压力。人们需要工作更长的时间,这样可以为养老金制度作出更大的贡献,同时,这也意味着他们在退休后需要领取养老金的时间将会缩短。此外,提高退休年龄也可以帮助缓解劳动力短缺的问题。随着人口老龄化的加剧,许多国家都面临着劳动力短缺的问题。通过提高退休年龄,可以让更多的老年人继续参与劳动力市场,缓解劳动力短缺的压力。

提高退休年龄也带来了一些挑战。首先,这可能会增加老年人的生活压力。许多老年人在达到退休年龄时已经开始感到身体疲劳,他们可能不想或不适合继续工作。因此,提高退休年龄可能对他们的生活质量产生负面影响。其次,提高退休年龄可能会使年轻人的就业机会减少。如果老年人继续工作,那么他们可能会占据一些本可以由年轻人填补的职位。最后,提高退休年龄可能会引发社会的不满。许多人认为,他们有权在一定的年龄后享受退休生活。提高退休年龄是一种可能的解决老龄化问题的方法,但它也带来了一些挑战。因此,政府应该综合考虑这些因素,并实施相应的补充政策。

在中国的国情下,提高退休年龄可能是应对老龄化问题的一个有效方法。这需要伴随着养老金制度的改革,以及其他的社会政策改革,以确保所有人的利益都能得到保障。例如,政府可以加大对低收入人群的社会保障力度,确保他们在退休后能够过上稳定的生活。同时,政府也可以通过提供更多的教育和培训机会,帮助老年人继续参与劳动力市场。此外,政府还可以通过提供更多的就业机会,帮助年轻人进入劳动力市场。

(二)推广健康长寿的生活方式

推广健康长寿的生活方式不仅能提高人们的生活质量,也能有效缓解由于人口老龄化带来的社会压力。各级政府和社区组织可以开展健康教育的活动和课程,包括健康饮食、定期运动、心理健康、疾病预防等主题,提升公众的健康意识和知识。定期的健康检查和筛查可以帮助早期发现健康问题。此外,针对老年人常见疾病,如心血管疾病、糖尿病、骨质疏松等进行早期干预和管理,也是非常重要的。提升医疗服务水平,包括诊疗技术、医护人员素质、医疗设施等,可以改善老年人的健康状况。此外,应提供更为人性化和方便的医疗服务,如家庭医生制度、远程医疗服务等。城市规划和建设应考虑到老年人的需求,如设立更多的公园和休闲场所,提供安全的行走环境等,以鼓励老年人进行户外活动和社交。除了物质和环境条件,心理因素对健康长寿也非常重要。应鼓励老年人保持积极乐观的生活态度,培养有意义的兴趣爱好,与社会保持接触。

日本就是一个成功的例子,他们的老年人口比例较高,但老年人的健康状况和生活质量也相对较高。他们在社区开展了大量的健康教育活动,提供了定期的健康检查和疾病管理服务,也鼓励老年人参与社区活动和志愿服务。中国也可以借鉴这些经验,通过全社会的共同努力,推广健康长寿的生活方式,以应对老龄化社会的挑战。

(三)发展社区养老和居家养老

除上述两项措施之外,我们还可以借鉴日本的社区养老模式,发展社区养老和居家养老。社区养老和居家养老是更加人性化的养老模式,它们允许老年人在熟悉的环境中享受晚年生活,同时也可以缓解养老机构的压力。日本的社区养老模式注重社区的互助和共享,鼓励社区居民为老年人提供各种服务,如家政服务、医疗服务等。这种模式不仅可以提高老年人的生活质量,也可以增强社区的凝聚力。

在中国,我们也可以借鉴并实施类似的模式。政府可以通过制定相关政策,鼓励社区居民为老年人提供服务。例如,可以通过税收优惠、补贴等方式,激励社区居民和企业提供家政服务、医疗服务等。同时,政府还可以通过政策支持,鼓励社区建设老年人日间照料中心、养老活动中心等设施,提供更多元化的社区养老服务。各社区可以根据自身的资源和特色,整合社区内的资源,为老年人提供全方位的服务。例如,社区可以协调医疗机构、家政服务公司、志愿者组织等,为老年人提供各种服务。同时,社区还可以组织各种活动,如健康讲座、文化活动等,丰富老年人的生活。为了提供高质量的服务,我们还需要对服务提供者进行专业的培训和教育。这包括如何照顾老年人的基本生活、如何应对老年人的身体健康问题、如何对老年人进行心理疏导等。只有通过专业的培训,我们才能提供满足老年人需求的服务。在构建社区养老和居家养老模式时,我们不能忽视老年人的参与。我们需要倾听他们的需求和意见,让他们参与决策过程。只有这样,我们才能构建出真正满足他们需求的服务和设施。

通过实施上述措施,我们不仅可以提高老年人的生活质量,还可以建设更加和谐、有凝聚力的社区。

四、制度创新:提高养老保障水平

面对日益严重的人口老龄化问题,制度创新尤为关键。日本的养老保障体系以公共养老保险为主,辅以企业年金和个人储蓄。中国也可以学习这一模式,通过改革养老保障制度,推广企业年金,鼓励个人储蓄,以提高养老保障水平。

(一)公共养老保险制度

公共养老保险制度是养老保障体系的重要组成部分。这种制度的主要目的是保障公民在退休后能够得到基本的生活保障。在日本,公共养老保险制度覆盖了所有的公民,无论他们的职业、性别、收入水平如何。

我国公共养老保险制度也是养老保障体系的重要组成部分,但存在一些问题。例如,覆盖面不足,许多农民工、自由职业者以及一些微小企业的员工并没有被纳入养老保险的覆盖范围。再者,公共养老保险的待遇差距大,城市和农村、东部地区和西部地区、不同行业之间的养老保险待遇存在明显的差距。为了解决这些问题,制度创新是必不可少的。一方面,我们需要扩大公共养老保险的覆盖面,使得所有的公民都能够享受到养老保障。这需要我们改革现有的养老保险制度,比如改革参保登记制度,降低参保的门槛,使得更多的人能够参加公共养老保险。同时,我们还需要加大对养老保险制度的宣传力度,提高公民的参保意识。另一方面,我们需要缩小公共养老保险的待遇差距,让每个人都能够享受到公平的待遇。这需要我们改革养老保险的计算和发放机制,使得养老保险的发放更加公平、合理。比如,我们可以考虑引入更加公正的养老金计算公式,将个人缴费年限、缴费基数等因素纳入计算公式。同时,我们还可以考虑提高养老金的基础待遇,以确保每个人都能够得到基本的生活保障。此外,我们还可以考虑引入多层次的养老保障体系。在现有的基础养老保险之上,我们可以增加补充养老保险,让那些有能力并愿意提高养老待遇的人有更多的选择。这种多层次的养老保障体系不仅可以满足不同人的需要,还可以缓解公共养老保险的压力。

提高公共养老保险制度的覆盖面和待遇水平,需要我们进行大胆的制度创新和改革。通过扩大覆盖范围,缩小待遇差距,以及引入多层次的养老保障体系,我们相信,我国的公共养老保险制度将会更好地保障每个公民的老年生活。

(二)企业年金

企业年金是一种由企业设立,并通过长期储蓄、投资所得到的一种养老保障方式。这种养老保障方式旨在补充公共养老保险,为员工提供更高的养老待遇。在许多发达国家,如日本,企业年金制度已经非常成熟。大部分企业都设立了企业年金,为员工提供了额外的养老保障。在中国,企业年金制度已经起步,但发展程度还不够,许多企业尚未设立企业年金。首先,为了推广企业年金,我们需要进行制度创新。我们可以通过政策引导,鼓励企业设立企业年金。例如,我们可以给予设立企业年金的企业一些税收优惠,激励更多的企业设立企业年金。我们也可以通过立法,强制企业设立企业年金。这种强制性的措施可以确保所有的企业都会设立企业年金,从而提高企业年金的覆盖率。其次,我们需要改革企业年金的管理和运营方式。在现有的制度下,企业年金的管理和运营主要由企业自己负责。由于许多企业缺乏专业的投资和管理能力,这种方式可能会导致企业年金的投资效率低下,甚至可能会导致企业年金遭受损失。因此,我们需要开放企业年金的管理和运营市场,允许专业的保险公司、基金公司以及其他金融机构参与到企业年金的管理和运营中来。这种方式不仅可以提高企业年金的投资效率,还可以降低企业年金的风险。再次,我们需要提高企业年金的透明度,让员工了解企业年金的运作情况。在现有的制度下,企业年金的运作情况往往不为员工所知,这使得员工对企业年金缺乏信心。为了解决这个问题，我们可以要求企业定期公开企业年金的运作情况，包括企业年金的投资收益、资产配置等情况。最后，我们需要提升员工对企业年金的认识。许多员工对企业年金这种重要的养老保障方式并不了解。因此，我们需要加强对企业年金的宣传和教育，让员工了解企业年金的重要性。这将有助于提高员工的参与度，从而提高企业年金的覆盖率。

推广企业年金需要我们通过政策引导、立法强制、改革管理和运营方式、提高透明度以及加强宣传和教育等多种方式来进行。只有这样，我们才能确保企业年金制度能够在中国得到有效的推广，为更多的员工提供更好的养老保障。

（三）个人储蓄

个人储蓄可以为个人提供额外的养老保障，有助于提高个人的生活质量。在养老金、社会保障和企业年金等多元化的养老保障方式中，个人储蓄无疑也是一种有效且重要的手段。在日本，政府鼓励个人进行储蓄，为老年生活作准备。在中国，虽然个人储蓄率较高，但大部分人的储蓄并未特指为养老而设，其中也包含了其他的生活开支，比如子女的教育、医疗和购房等。因此，如何将个人储蓄更好地用于养老，是一个值得思考的问题。为了鼓励个人储蓄，我们需要进行制度创新。一方面，我们可以通过政策引导，鼓励个人进行储蓄。例如，我们可以给予进行储蓄的个人一些税收优惠，比如设定一定的免税额度，或者对定期存款、购买国债等稳健型投资提供税收抵扣等。另一方面，我们可以通过教育，提高个人的储蓄意识，如通过金融教育让人们理解储蓄的重要性，以及通过理财教育教会人们如何进行科学的投资，实现财富的增值。同时，我们还可以通过提供多元化的储蓄产品，满足人们不同的储蓄需求。比如定制一些专门用于养老的储蓄产品，这些产品可以提供较高的利息或者其他的投资回报，鼓励人们为养老而储蓄。

在学习和借鉴日本的养老模式时，我们必须考虑到自身的社会经济环境。毕竟，每个国家的养老模式都是其特定历史、文化和社会经济条件的产物，不能简单地照搬。通过对日本养老模式的深入理解，我们可以获得一些宝贵的启示，这些启示有助于我们构建更加公平、有效的养老保障制度，以应对日益严重的老龄化问题。首先，日本的例子强调了公私合作在解决社会问题中的重要性。在面对复杂的老龄化问题时，政府、社区、非营利组织、学术研究机构等各方都可以发挥他们的优势,共同构建解决方案。这种多元协作的模式可以为中国提供一个新的视角,引导我们更有效地利用社会资源,解决老龄化问题。其次,日本的例子也强调了以人为本的原则。他们不仅关注老年人的基本生活需求,也关注他们的心理和社会需求。这种人文关怀的模式提醒我们,在构建养老保障制度时,我们不能忽视老年人的尊严和自我实现的需求。我们需要提供更多元化的服务,以满足老年人的全方位需求。最后,日本的例子提醒我们,我们需要在实践中不断学习和改进。日本通过持续研究和创新,不断改进他们的养老服务模式。我们也需要持续关注、评估和调整我们的政策和服务,以确保它们能够适应社会的变化和满足老年人的需求,从而构建出一个更加公平、有效和充满人文关怀的养老保障制度。

参考文献

[1]天田城介,北村健太郎,堀田義太郎.老いを治める:老いをめぐる政策と歴史[M].東京:株式会社生活書院,2011.

[2]山縣文治.社会福祉用語辞典[M].東京:ミネルヴァ書房,2012.

[3]上野千鶴子.ケアの社会学[M].東京:株式会社 太田出版,2012.

[4]権丈善一.年金改革と積極的社会保障政策:再分配政策の政治経済学[M].東京:慶應義塾大学出版会,2009.

[5]安藤潤.少子老齢化和日本經濟[M].東京:文真堂,2014.

[6]大渕寛,高橋重郷.人口学ライブラリ少子化の人口学[M].東京:原書房,2014.

[7]一圓光弥,林宏昭. 社会保障制度改革についての考え[M]. 東京:中央經濟社,2014.

[8]小林陽太郎,小峰隆夫.人口減少と総合国力[M].東京:日本經濟評論社,2004.

[9]佐藤龍三郎.日本の「超少子化」:その原因と政策對應をむぐって[J].人口問題研究,2008,64(2):10-24.

[10]鈴木亘.財政危機と社会保障[M].東京:講談社,2010.

[11]安藤潤.少子老齢化和日本經濟[M].東京:文真堂,2014.

[12]貝塚啓明,財務省財務総合政策研究所.年金を考える:持続可能な社会保障制度改革[M].東京:中央経済社,2006.

[13]小笠原祐次,橋本泰子,浅野仁.高齢者福祉[M].東京:有斐閣,2005.

[14]三原博光.日本の社会福祉の現状と展望[M].東京:岩崎学術出版社,2011.

［15］平冈公一,杉野昭博,所道彦,等.社会福祉学［M］.東京:有斐閣,2011.

［16］荻野美穂.家族計画道［M］.東京:岩波書店,2008.

［17］広川禎秀.近代大阪行政社会経済婦人運動史［M］.東京:青木書店,1998.

［18］静岡女性史研究会.婦人運動史［M］.静岡:静岡女性史研究会,1996.

［19］昭和研究会事務局.女子労働報告［R］.東京:昭和研究会,1940.

［20］東京歴史科学研究会.婦人運動史［M］.東京:昭和出版,1991.

［21］児玉正昭.日本移民史研究序説［M］.広島:溪水社,1992.

［22］落合惠美子.21世纪的日本家庭,何去何从［M］.郑杨,译.3版.济南:山东人民出版社,2010.

［23］上野千鹤子.近代家庭的形成和终结［M］.吴咏梅,译.北京:商务印书馆,2004.

［24］陶立群.中国老年人社会福利［M］.北京:中国社会出版社,2002.

［25］张堃,何云峰.社区管理概论［M］.上海:上海三联书店,2004.

［26］郑功成,等.中国社会保障制度变迁与评估［M］.北京:中国人民大学出版社,2002.

［27］唐忠新.社区服务思路与方法［M］.北京:机械工业出版社,2003.

［28］程勇.21世纪的朝阳产业:老龄产业:第二届全国老龄产业研讨会文集［M］.北京:华龄出版社,2001.

［29］茆长宝,穆光宗,武继磊.少子老龄化背景下全面二孩政策与鼓励生育模拟分析［J］.人口与发展,2018,24(4):56-65,76.

［30］张季风,胡澎,丁英顺.少子老龄化社会:中国日本共同应对的路径与未来［M］.北京:社会科学文献出版社,2019.

［31］津谷典子,樋口美雄.人口减少と日本経済［M］.東京:日本経済新聞社,2009.

［32］安·格拉德.日本的土地与农民［M］.叶林,李林,译.北京:世界知识出版社,1957.

［33］埃德温·赖肖尔.日本人［M］.孟胜德,刘文涛,译.上海:上海译文出版社,1980.

［34］罗斯托.经济增长的阶段:非共产党宣言［M］.郭熙保,王松茂,译.北京:中国社会科学出版社,2001.

[35]张纯元,陈胜利.生育文化学[M].北京:中国人口出版社,2004.

[36]茆长宝,穆光宗.国际视野下的中国人口少子化[J].人口学刊,2018(4):19-30.

[37]罗淳.少子老龄化态势下的居家养老困局及其社区化解之道:兼及昆明城市社区调研的评述、思考与建议[J].人口与发展,2013(2):66-71.

[38]张宝珍.日本人口老龄化与社会经济的发展[J].世界经济,1990(5):45-49.

[39]景跃军,李元.中国失能老年人构成及长期护理需求分析[J].人口学刊,2014,36(2):55-63.

[40]小峰隆夫.超長期予測 老いるアジア[M].東京:日本経済新聞出版社,2007.

[41]荆涛.建立适合中国国情的长期护理保险制度模式[J].保险研究,2010(4):77-82.

[42]吕国营,韩丽.中国长期护理保险的制度选择[J].财政研究,2014(8):69-71.

[43]荆涛,谢远涛.我国长期护理保险制度运行模式的微观分析[J].保险研究,2014(5):60-66.

[44]毛景.长期照护风险的规制:日本的立法经验及其借鉴[J].现代日本经济,2019,38(3):73-83.

[45]河野稠果.人口学的招待[M].東京:日本放送出版社,2007.

[46]金京淑,马学礼.人口老龄化困境中的"安倍经济学":兼评日本经济增长的前景[J].现代日本经济,2015(3):83-94.

[47]杨杰,罗云.中国人口老龄化、技术创新与经济增长的动态影响分析[J].科技与经济,2015,28(3):20-25.

[48]王伟.人口老龄化对日本经济的影响及日本政府的对策研究[D].大连:东北财经大学,2007.

[49]王金营,杨磊.中国人口转变、人口红利与经济增长的实证[J].人口学刊,2010(5):15-24.

[50]张杨.人口老龄化对消费结构的影响研究:基于四川省第六次人口普查数据[D].成都:西南财经大学,2013.

[51]牟晓伟.日本储蓄率变动及其影响研究[D].长春:吉林大学,2012.

[52]陈晶.中国人口老龄化的经济效应分析:基于人口红利视角[D].沈阳:辽宁大学,2013.

[53]李竞能.现代西方人口理论[M].上海:复旦大学出版社,2004.

[54]高卢.2025年日本国民负担率估算[J].现代日本经济,1997(2):25.

[55]张士斌,王桥.中日社会养老保障制度比较:一个劳动力市场的视角[J].现代日本经济,2010(4):58-64.

[56]骆勤.人口老龄化与社会保障制度可持续发展[J].财经论丛,2006(6):29-34.

[57]黑田俊夫,安菁春.亚洲人口年龄结构变化与社会经济发展的关系[J].人口学刊,1993(4):5-11.

[58]段美之.人口老龄化影响就业的经济学分析[J].经济论坛,2009(4):20-21.

[59]侯建明,周英华.日本人口老龄化对经济发展的影响[J].现代日本经济,2010(4):53-57.

[60]张腾.日本介护保险制度及其效用与特点分析[J].西北人口,2010,31(6):29-34.

[61]CORNELIUS W, CASPI A. Everyday problem solving in adulthood and old age[J]. Psychology and aging, 1987, 2(2):144-153.

[62]HOLT-LUNSTAD J, SMITH T B, LAYTON J B. Social relationship and mortality risk: a meta-analytic review[EB/OL].(2010-07-27)[2021-03-16]. https://journals.plos.org/plosmedicine/article?id=10.1371/journal.pmed.1000316.

[63]SCHULZ R. The encyclopedia of aging: A-K [M]. New York: Springer Publishing Company, 2006.

[64]HAVIGHURST R J. Successful aging[J].The gerontologist, 1961(1):8-13.

[65]JOHN R. Weeks, population: an introduction to concepts and issues [M]. 4th ed. Belmont California: Wadsworth Publishing Company, 1989.

[66]LOUE S. Encyclopedia of aging and public health [M]. New York: Springer Publishing Company, 2008.